本书为国家社科基金重大课题
"中国式现代化的文化底蕴及思想理念研究"阶段性成果

古镜今鉴

中华传统廉洁文化与中国之治

刘余莉 等◎著

THE ANCIENT PAST
THE MIRROR THAT ECHOS ADMONISHMENTS AND WISDOM
Traditional Chinese Culture of Integrity and Governance in China

新华出版社

图书在版编目（CIP）数据

古镜今鉴：中华传统廉洁文化与中国之治 / 刘余莉
等著. -- 北京：新华出版社，2024.11. -- ISBN 978
-7-5166-7656-1

Ⅰ. D691.49

中国国家版本馆 CIP 数据核字第 2024J9D444 号

古镜今鉴：中华传统廉洁文化与中国之治

作者：刘余莉等
出版发行：新华出版社有限责任公司
（北京市石景山区京原路 8 号　邮编：100040）
印刷：三河市君旺印务有限公司

成品尺寸：160mm×230mm　1/16	印张：13　字数：154 千字
版次：2025 年 4 月第 1 版	印次：2025 年 9 月第 2 次印刷
书号：ISBN 978-7-5166-7656-1	定价：48.00 元

版权所有・侵权必究
如有印刷、装订问题，本公司负责调换。

微店

视频号小店

抖店

京东旗舰店

扫码添加专属客服

微信公众号

喜马拉雅

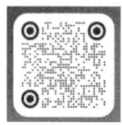
小红书

淘宝旗舰店

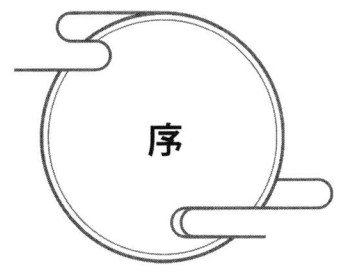

序

从历史上看，中国之治所能达到的境界是"不忍欺"。《史记·滑稽列传》记载，历史上曾出现过三种治理境界：春秋时子产治理郑国，严密的法律和监督机制使人不能作恶，达到了为政"不能欺"的境界；战国时西门豹治理邺县，通过设置严厉的法律制度，使人不敢作恶，达到了为政"不敢欺"境界；春秋时孔子的弟子宓子贱治理单父，将孔子所倡导的仁义忠恕与治理之道相结合，使人不忍心违法乱纪，达到了为政"不忍欺"境界。

《淮南子》中记载，宓子贱治理单父三年，巫马期前往观摩治理效果，见到一人在夜色下捕鱼，但却屡屡把捕得之鱼释放回去。巫马期问捕鱼者原因，捕渔者回答：因为长官宓子贱不让人捕取小鱼。通过捕鱼者的行为，可以看出，子贱把孔子"为政以德"的思想发挥到极致。孔子认为，子贱的治理之所以能达到如此境界，是因为子贱做到了"诚于此者形于彼"。百姓被子贱的至诚心所感化，故不忍心欺骗他，社会治理自然达到了"不忍欺"的境界。

与西门豹的"不敢欺"、子产的"不能欺"相比，子贱的"不忍欺"显然更胜一等，是更高层次的治理境界。《群书治要·体论》中也讲到："德之为政大矣，而礼次之也。夫德礼也者，其导民之具欤。太上养化，使民日迁善，而不知其所以然，此治之上也；其次使民交让，处劳而不怨，此治之次也；其下正法，使民利赏而欢善，畏刑而不敢为非，此治之下也。"在《盐铁论》中，对刑罚与道德教化的关系做了一个比喻：刑法对于治理国家，就像马鞭对于驾车一样，好的御手不能没有马鞭就去赶车，而是拿着马鞭而不轻易使用。圣人借助刑法来实现教化，教化成功了，刑罚便可以搁置不用。这就是《尚书》上所说的"刑期于无刑"。设立刑罚是起到警戒的作用，其最终目的是使人不触犯法律。通过为政以德达到"不忍欺"的治理境界，是中国之治的标志性特点之一。

关于如何实现"不忍欺"的治理境界，《群书治要·傅子》中讲："明君必顺善制而后致治，非善制之能独治也，必须良佐有以行之也。"换言之，实现善治，既需要完善的治理体制，也需要具备德才兼备的管理人才。这就要求治理者必须承担三种角色：作之君，作之亲，作之师。治理者既要承担率领、引导、管理的职能，还要像父母关爱儿女那样关爱属下，正如《群书治要·六韬》中所讲："善为国者，御民如父母之爱子，如兄之慈弟。见之饥寒，则为之哀；见之劳苦，则为之悲。"《春秋左氏传》中也记载："国之兴也，视民如伤，是其福也；其亡也，以民为土芥，是其祸也。"此外，治理者还要承担教导属下的职责，特别要教导以"五伦八德"（五伦：父子有亲，君臣有义，夫妇有别，长幼有序，朋友有信；八德：孝悌忠信、礼义廉耻）为主要内容的伦理道德。而行之有效的道德教育是为人师表、上行下效。正如《说文解字》释"教"为"上所施，下所效也"。孔子也强调："君子之德风，小人之德草，草上之风必偃。""政者，正也。子帅以正，孰敢不正？""苟正其身矣，于从政乎何有？不能正其身，如正人何？"治理者唯有正己化人才能达到良好的治理境界，起到润物细无声的效果。因此，孔子特别强调治理者的道德引导和礼仪教化作用，使百姓心悦诚服。不仅如此，能够起到君、亲、师作用的治理者还可以"绝恶于未萌""防患于未然"，将问题与矛盾杜绝和处理在萌芽阶段，并领导民众在进德修业的正确道路上不断前进。

要达到"不忍欺"的治理境界，就必须秉持修身为本、教学为先的治国理念，提倡治理者先受教育。因此《大学》中强调"自天子以至于庶人，壹是皆以修身为本"。在《盐铁论》中提道："法能刑人，而不能使人廉；能杀人，而不能使人仁。"在《淮南子》上也说，"不知礼义，不可以行法。法能杀不孝者，而不能使人为孔、墨之行；法能刑窃盗者，而不能使人为伯夷之廉。孔子养徒三千人，皆入孝出悌，言为文章，行为仪表，教之所成也。"可以说，正是通过治理者为政以德的修身和率先垂范的教化，才能令百姓信服，达到"不忍欺"的治理效果。

与西方的宗教文化相比，中华优秀传统文化是一种重视伦理道德教育的伦理文化。在这种文化中，国家治理体制的完善是围绕着如何把人培养成为君子圣贤，并把君子圣贤选拔到领导之位这一核心而展开。因此，从教育制度开始，就注重通过家庭教育、学校教育、社会教育、宗教教育等形式培养德才兼备的人才，并进而从官吏的选拔、考试、考核、监察、激励、培训和谏诤制度上落实"学而优则仕""爵非德不授，禄非功不与""进贤受上赏，蔽贤蒙显戮"等原则，保证了"贤者在位，能者在职"。其治理结果如《六韬》中所言："其政平，吏不苛，其赋敛节，其自奉薄，不以私善害公法，赏赐不加于无功，刑罚不施于无罪，害民者有罪，进贤者有赏，官无腐蠹之藏，国无流饿之民。"

总之，中华传统廉洁文化源远流长，博大精深，重视发挥管理者为政以德的教化功能，强调修身为本、教学为先，爱民而安、好士而荣，以此达到"不忍欺"的治理境界，对于一体推进不能腐、不敢腐、不想腐，弘扬中国特色廉洁文化具有重要借鉴和启示。

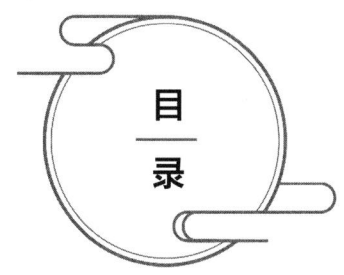

第一章　腐败根源的一般性分析

一、"其人存，则其政举"：社会治乱的根本在人心 …………… 3

二、官德修养与国家盛衰的历史规律 …………………………… 9

三、"不教而杀谓之虐"：唯有圣贤教育可以导正人心 ………… 24

四、从传统文化看西方民主制度的弊端 ………………………… 27

第二章　建国君民　教学为先——教育制度使人不想腐

一、"一家仁，一国兴仁"：家庭教育是廉洁教育的基石 ……… 41

二、"设大学，立庠序"：学校教育是廉洁教育的延续 ………… 54

三、"化民成俗，寓教于美"：社会教育是廉洁教育的扩展 …… 67

第三章　爵非德不授　禄非功不与——激励机制使人不必腐

一、顺应天道、合乎人情的治理 ………………………………… 79

二、德才兼备、以德为先的选贤任能制度 ……………………… 84

三、高薪养廉的保障制度 ………………………………………… 99

四、尊贤使能的其他礼制措施 …………………………………… 105

第四章　永畏惟罚　具严天威——法律制度使人不敢腐

　　一、具严天威：不敢腐的天命之源及其惩罚 …………… 118

　　二、永畏惟罚：不敢腐的现实制裁及其劝诫 …………… 133

　　三、以人为本：不敢腐的主体自觉 …………………………… 146

第五章　纲举目张　明察秋毫——监督制度使人不能腐

　　一、史官制度 …………………………………………………… 166

　　二、谏议制度 …………………………………………………… 176

　　三、监察制度 …………………………………………………… 185

后　记 ……………………………………………………………… 197

第一章

腐败根源的一般性分析

第一章 腐败根源的一般性分析

改革开放四十多年来，我国在经济建设方面取得了举世瞩目的成就，但是在政治领域和社会领域却出现了一些令人担忧的问题。这些问题已经成为影响社会和谐与长治久安的重要因素。一些学者把目光投向了西方，认为只有把西方的民主政治制度搬到中国，才可以解决中国社会出现的这些问题。这种观点既缺乏对社会治乱根源的深刻分析，也忽视了西方的民主政治制度产生的宗教文化背景，因而不可避免地出现了"异体移植"的弊端，不能取得预期的效果。

一、"其人存，则其政举"：社会治乱的根本在人心

以腐败现象为例，腐败通常是指国家公务人员不正当地运用公共权力以获得非法的个人利益。从我国现实看，腐败现象的产生应具备三个条件：（1）领导者的私利观念和腐败思想——它说明为什么会腐败；（2）公共权力的滥用，即领导者手中都掌握着一部分公共权力——它说明用什么去搞腐败；（3）体制的不完善和法制、监督机制的不健全，为以权谋私提供了可乘之机——它说明何以能够腐败。三者缺一，都不能导致腐败。

公共权力的存在，是腐败产生的必要条件，但并不必然导致腐败。公共权力既可以善用，也可以恶用，关键在于谁来用、怎样用。因此，腐败的根源只能从用权者和用权制度两方面来寻找。

从用权制度的角度看，体制、监督机制的不健全，是产生腐败的社会原因，是外因；从用权者的角度看，领导者私欲的膨胀和腐朽的道德

观是腐败产生的思想原因，是内因。内因是事物发展变化的根源和第一位的原因，是事物存在的深刻基础。因此，要根除腐败，必须解决产生腐败的思想动因，提高领导者的道德素质和责任观念，培养领导者的正义美德。

在《群书治要·孙卿子》中提出："故法不能独立，得其人则存，失其人则亡。法者，治之端也；君子者，法之源也。故有君子，则法虽省，足以遍矣；无君子，则法虽具，足以乱矣。故明主急得其人，而暗主急得其势。急得其人，则身逸而国治，功大而名美；急得其势，则身劳而国乱，功废而名辱。"其大意是说：有使国家昏乱的君主，没有必然混乱的国家。夏禹治国的礼法制度没有灭亡，但是夏桀并没有承继夏主的遗志；文王武王时的礼法制度尚存，但是周朝的后代也没有世代称王天下。所以礼法制度不能孤立地存在，有了圣明的君主，礼法制度才会存在，失去了圣明的君主，礼法制度也会随之消亡。法制，是治理国家的始端（凭依），而人（君子）是法制的本源。所以有了贤人君子，法律即使简略，也会使国家普遍得到治理；如果没有贤人君子，法律即使很完备，也会使国家混乱。所以圣明的君主迫切得到治国的贤才君子，得到了这样的人，自身就可以很安逸，而国家也能得到很好的治理，功绩伟大而名声美好。如果不能得到治国的人才，就会自身劳苦而国家混乱，功业败坏而声名狼藉。从这个意义上说，通过道德教育培养具有道德素质的人（特别是领导者）才是社会治乱的根本。这一点，无论对于中国还是西方，都同样适用。

西方以维护公平正义为核心的政治制度是在宗教文化的传统中产生的。换言之，西方的政治制度维护了程序上的公平正义，但仁慈博爱、诚实守信、公平正义的道德情感是通过教会培养的。所以，事实上，西方人维护社会秩序是依靠"两手抓"：一手抓公平正义的制度建设，一手抓仁爱诚信的道德教育。但是我们在向西方学习的时候,却仅仅看到了其重视公平正义的制度建设的一面,而在很大程度上忽视了这种制度得以建立的根:即一定程度的公民道德素质。所以即使可以把西方某些先进的制度搬到中国来,但是却并没有解决实际问题。例如把西方奉行的民主制度搬到某些乡村进行民主选举村干部的时候,也不可避免地出现贿选拉票、营私舞弊等现象,让民主选举都变了味。显然,这些问题的出现并不仅仅是制度问题,而是更根本的人的问题。

《礼记·中庸》上记载孔子所言:"其人存,则其政举,其人亡,则其政息。"如果领导者是高尚的、有道德的、有公心的人,无论是在何种制度下,都不会对社会、对企业、对单位造成太大的危害。例如,在改革开放初期,我国出现的"能人现象"就是如此:一个企业马上就要倒闭了,但只是换了一个领导者,结果在短时间内就把企业扭亏为盈。其实,这个所谓的"能人",不仅是一个有能力的人,而且首先是一位有德的人,因为他不是想方设法地把国有资产据为私有,他所制定的政策、所采取的措施是为了整个企业的长远发展。诚如当代西方著名的伦理学家麦金泰尔所认为,无论道德原则有多么具体和完美,如果人们不具备道德品格或美德,这些原则就不会起作用。他说:"无论美德与法律之间在其他方面有着怎样的紧密联系,对于法律的应用而言,它仅仅对那些拥有正义的美德的人才有可能发挥作用。"[①]也就是说,公平的制度必须得有正义美德的人才能设计出来,而即使公平的制度设计出来了,也必须有正义美德的人才能实施到位。

中国古人也有同样的观点。《群书治要·傅子》上就指出:"明君必顺善制而后致治,非善制之能独治也,必须良佐有以行之也。"这说

---

① 麦金泰尔:《美德的追寻》,伦敦:Gerald Duckworth,1981年,第152页。

明贤明的领导者必须通过推行好的制度，才能达到社会安定。但并不是只有好的制度就能大治，还必须有贤能的人去推行善政。可见，要实现大治，人的因素是最重要的。因此，我国当前社会改革的重点不是推行西方的民主政治体制，而是要培养具有正义美德的人。正如美国联邦上诉法院法官勒纳德·汉德（Learned Hamd）所说："我总是不明白，人们为什么要求助于宪法、法律、法院、法官来实现公平和正义，我反复地告诫你们，这么做是错的。因为真正的公平正义只存在于男女老少的心中，如果公平正义在人们的心中死去，宪法、法律、法院、法官谁也救不了他！"也就是说，如果人的良心已经泯灭，领导者为了私利而无视公平正义的存在，制度的改革最终也只能沦为某些聪明人更加堂而皇之腐败堕落的保护伞。忽视了道德教育，便无法挽救因为人的良心泯灭而出现的种种社会问题，反而还会出现《群书治要·汉书》上所说的："法出而奸生，令下而诈起，如以汤止沸，以薪救火。"意思是说：法律一出来，奸诈就生起；命令一颁布，欺诈的行为也随之出现，就像扬汤止沸，以薪救火一样，不仅对解决问题没有帮助，反而还使它愈演愈坏。

如果仅仅重视法制监督机制的健全关注公平正义的制度设计，而忽视了道德教育，会导致以下结果：

其一，"道之以政，齐之以刑，民免而无耻"。即人们因为惧怕刑法的处罚免于作恶，但是没有羞耻心，甚至还以作恶后能想方设法地免于刑法的处罚而沾沾自喜，自以为聪明。这表现为法律管辖之外的"反社会行为"。狭义地讲，"反社会行为"就是指没有触犯法律但却是不道德的行为，如校园霸凌、青少年酗酒斗殴，等等。此外，离婚率上升、青少年犯罪率上升、犯罪低龄化成为日益严重的社会问题。

其二，"法令滋彰，盗贼多有"。即法律条款越来越严密具体，渗透到生活的方方面面,但是违法乱纪的人却依然众多。这表现为监狱以人满为患,政府以警察短缺为忧。严格的法律和监督机制可以把犯罪的人关进监狱,但并不能解决根本问题。如果缺乏伦理道德的教育,犯人们在监狱里学到的反而是更加狡诈的作案方式,一旦被释放出来,仍然会危害社会。《群书治要·袁子正书》上也说:如果不能制止人们作恶的心,即使是每一天都以刀锯在外面执行死刑、惩罚犯人,也不能制止作奸犯科的事情发生。这就如高科技手段在协助破案中的作用越来越大,但是人们并没有因为破案手段的提高而免于犯罪。

其三,不能培养出品德高尚的君子。《群书治要·盐铁论》中就提道:"法能刑人,而不能使人廉;能杀人,而不能使人仁。"在《群书治要·淮南子》上也说,靠法律和制度建设可以把不孝的人判处死刑,但是不能够使人们成为孔子、墨子那样有德行、有孝心的人;法律也能够对窃贼施以刑法的制裁,但是不能使人成为伯夷那样廉洁、有志气的人。孔子教育的徒弟有三千多人,每一个人在家孝敬父母,出门尊敬长辈,言为世则,行为世法,一言一行,都能成为世间的表率,是依靠教育所成就的啊!

其四,"刑罚积而民怨背"。《汉书》中说:用礼义治国者,积累的就是礼义;用刑罚治理国家者,积累的就是刑罚。刑罚用多了人民就怨恨背叛,礼义积多了人民就和睦亲爱。本来世代君主都想让人民德行美好的意愿是相同的,但用以使人民德行美好的办法却不同。有的是用道德教化来引导,有的是用法令来驱使。用道德教化引导,德教和谐时人民的精神状态就表现出欢乐;用法令来驱使的,法令严酷而民风就呈现出哀怨。

其五,不能达到"不忍欺"的治理境界。通过重视伦理道德的教育所达到的是高于"不能欺"和"不敢欺"的"不忍欺"的治理境界。

在《群书治要·体论》中说道：用道德教化是第一位的，礼法则紧随其后。道德与礼法都是引导人民的工具啊！远古时代的道德教化，使人民日益转向善良，却不知道自己为什么会转向善良，这是最好的治理（正己化人，无为而治）；其次，使人民互相礼让，身受劳作之苦而并无埋怨，这是次一等的状况；再次就是用法规来纠正，使人民因利益得到保障而喜欢从善，因畏惧刑罚而不敢做非法之事，这是最末一等的治理。

其六，"不知礼义，不可以刑法"。如果忽视了道德教育，即使有了好的法制也难以推行而达到国家大治的结果。诚如当代西方著名的伦理学家麦金泰尔所认为的，无论道德或法律原则有多么具体和完美，如果人们不具备道德品格或美德，这些原则就不会起作用。

当代西方社会也出现了以上这些问题，原因就在于近现代以来，一些西方人普遍地忽视了美德的培养，这些问题仅靠维护公平正义的民主政治制度本身是无法解决的。正如麦金泰尔在他的著作《谁之正义？何种合理性？》中所质疑的："如果忽视了个体美德的培养，所谓的正义制度、正义规则是'谁之正义'呢？"[①]由此可见，社会和谐与否，从根本上取决于人心的善良和行为的正当，即古人所谓"人心正则国治，人心邪则国乱"。《孟子·离娄上》也说："是以惟仁者宜在高位。不仁而在高位，是播其恶于众也。"只有具备仁爱道德的人，适宜处于领导地位。如果不仁的人处于领导地位，他就会把他的罪恶传播给广大的民众。

---

① 麦金泰尔：《谁之正义？何种合理性？》，伦敦：Gerald Duckworth，1988年。

二、官德修养与国家盛衰的历史规律

2011年的秋季，习近平总书记在中央党校的秋季学期开学典礼上做了题为《领导干部要读点历史》的重要讲话。在讲话中，他说："在中国的史籍书林之中，蕴涵着十分丰富的治国理政的历史经验。其中包含着许多涉及对国家、社会、民族及个人的成与败、兴与衰、安与危、正与邪、荣与辱、义与利、廉与贪等等方面的经验与教训。……我们学习历史，就要学习和吸取中华民族传承下来的宝贵思想财富，从中获得精神鼓舞，升华思想境界，陶冶道德情操，完善优良品格，培养浩然正气，做到自重、自省、自警、自励。"

要治理好一个国家，提出治国理政的方略，首先应对国家盛衰的规律进行深入研究总结。《群书治要》探讨了一个国家由盛转衰的根本原因。《群书治要·崔寔政论》中讲："凡天下之所以不治者，常由人主承平日久，俗渐弊而不寤，政浸衰而不改，习乱安危，逸不自睹。或荒耽嗜欲，不恤万机；或耳蔽箴诲，厌伪忽真；或犹豫歧路，莫适所从；或见信之佐，括囊守禄；或疏远之臣，言之贱废。是以王纲纵弛于上，智士郁伊于下。悲夫！"

这段话的意思是：大凡天下得不到治理的原因，通常是由于君主承继太平的日子已经很久了，社会风气逐渐变坏也没有觉察，政治渐渐衰落也不知革新更改，习惯于混乱，安于现状，逸乐地生活而看不到这些危机。有的荒淫奢侈，不理朝政。有的耳朵听不进劝告和教诲，满足于虚伪，忽视真诚。有的是在歧路徘徊，不知道何去何从。还有的君主所倚重的大臣为了保住禄位而不敢犯颜直谏。有的君主疏远有才能的臣子，废除弃用他们的谏言。所以国家的法纪放纵、松弛于上，有识之士郁伊、担忧于下。这真是可悲呀！

这段话指出了国家之所以由盛转衰的一个重要原因，即唐朝著名诗人李商隐在《咏史》一诗中写道的："历览前贤国与家，成由勤俭破由奢。"

在《群书治要》中，多处对比了衰世之主和盛世之主的表现。从中可以更加鲜明地看到，官吏的道德和国家的盛衰有着直接密切的联系。

（一）盛世与民同乐，衰世残害其民

《群书治要·魏志（下）》中记载："昔夏、殷、周历世数十，而秦二世而亡。何则？"夏朝、殷商和周朝历经了数十世才衰败，而秦朝两世就衰亡了，原因在哪里呢？"三代之君，与天下共其民，故天下同其忧也"，夏、商、周三代的君主，能够和天下的人民共享幸福。"秦王独制其民，故倾危莫救也"，秦始皇这个人，独裁专制，压迫百姓，所以一旦倾覆、遇到危难，也没有人去拯救他。由此得出结论："夫与人共其乐者，人必忧其忧；与人同其安者，人必拯其危。"那些能够和天下共享安乐的人，人们也一定会和他共同承担忧虑；那些与天下人共享幸福的人，人们也一定会竭尽全力地拯救他的危难。这说明，君主、领导者对于百姓、下属的态度与其基业、事业的兴衰成败有着密切的关系。

这一理念，如果应用到企业管理中也依然能够起到作用。在东南亚金融危机时，因为老板不能支付员工的工资，西方的员工受自由、民主、人权观念的影响，就罢工、示威游行，而此时韩国的员工不仅没有上街去示威游行，反而把自己平时的积蓄都拿了出来交给了他们的老板，并且说："老板，这几十年来，我们之所以有稳定的收入养家糊口，得益于您对我们的关爱。现在企业遇到了金融危机，我们愿意和您同舟共济，共渡难关！这些钱您先拿去用，等以后企业经营状况好转之

后再说。"

韩国的员工之所以能够做出这样感人的举动,原因很简单,因为韩国人深受儒家文化的影响。对比而言,尽管我们的先祖从小就沐浴在儒家文化、伦理道德的熏陶之中,从小学的就是四书五经,培养的是仁义礼智信,但是,自近现代以来,对传统文化的过度批判,使我们一度丧失了对传统文化的信心。"打倒孔家店",最后的结果,是丧失了对自己文化的自信心。正是因为我们对传统文化失去了信心,也就无法从中获得利益。

《群书治要·春秋左氏传》中说:"国之兴也,视民如伤,是其福也;其亡也,以民为土芥,是其祸也。"国家兴盛的原因,在于把百姓视作自己的伤口,对他们倍加关心、倍加体恤,这是国家的福祉所在;国家灭亡的原因,则在于"以百姓为土芥",将百姓看得如同泥土和小草一样的微贱,可以随意地去践踏,这是国家招致灾祸的原因。

《孟子》上有一句话:"民为贵,社稷次之,君为轻。"意思是说,治理一个国家,要以百姓作为最重要的,社稷是其次的,最轻的、最后的才是自己。领导者如果把这句话落实在企业管理中,当企业有了收益、利润之后,首先用来回馈员工,然后再用于企业的扩大再生产,最后才到领导者自己,因为"君为轻"。领导者若能够视民如伤、爱民如子,下属就会和之同心同德、患难与共。稻盛和夫之所以能够拯救日航,创立两个"世界五百强"的企业,就是因为他把这种儒家式的管理运用到了企业经营之中。

《群书治要·六韬》中也有一句话:"善为国者,御民如父母之爱子,如兄之慈弟也。"善于治理国家的人,治理百姓就像父母慈爱自己的儿女一样,如兄长友爱自己的弟弟一样。"见之饥寒,则为之哀;见之劳苦,则为之悲。"见到百姓饥寒交迫,他就会为他们感觉到哀伤；看到百姓劳苦奔波，就会为他们感觉到悲忧。领导者以这样一种态度治理国家，百姓对领导者自然就像对待自己的父母一样，发自内心地爱戴、尊敬。松下幸之助之所以成为"经营之神"，也正是因为他把这种态度运用到企业管理之中。

《孟子》上讲："君之视臣如手足，则臣视君如腹心。"领导者把被领导者当成自己的手足一样地加以关爱，被领导者对于领导者的回馈，则是把领导者当成自己的心腹一样地加以关爱。相反，"君之视臣如犬马，则臣视君如国人。"领导者如果把被领导者当牛马般使唤。那么被领导者就会把领导者视为一般的国人、一般的陌生人。更有甚者，如果领导者对领导者最起码的生命安全都不能够保证，把他的生命视为泥土和草芥一样的微贱，那么，被领导者就会对领导产生抵触情绪，甚至把领导者视为仇敌。其原因在于领导者没有起到君、亲、师的作用。

在古人看来，一个好的领导者应该同时具备三个职能。第一，他要当下属的领导。第二，还要当下属的亲人，要像父母关爱儿女一样地关爱属下。"君仁臣忠"的理念是"中国式管理"的重要特点。松下幸之助与稻盛和夫，都是把这种"君仁臣忠"的理念运用到企业管理中，从而被誉为"经营之神"。第三，还要当下属的老师。如果不去教导属下，属下不明白做人的本分、人生的价值何在，可能他仍然会做一些假账来蒙骗你。当然，要教导属下，最重要的就是正己化人，要把自己做好了，才能够感化下属，才能够起到为人师范的作用。所以一个好的领导者，要同时担负起君、亲、师的职责。这样，就能够达到"不忍欺"的管理境界。如果达到了"不忍欺"的境界，领导者在与不在，属下的表现都是一样的，绝对不会阳奉阴违。

（二）盛世考察历史，衰世自骄自智

《群书治要·孔子家语》中说："夫明镜者，所以察形；往古者，所以知今。人主不务袭迹于其所以安存，而忽怠于其所以危亡，是犹未有以异于却步，而欲求及前人也，岂非惑哉？"意思是说，明亮的镜子是用来察照人的形体的，古代的历史是用来启发今人的。如果君主不重视因循前朝之所以安存的经验、轨迹，又忽视了前朝之所以危亡的教训，这就等同于向后退步行走，却希望追上前人，这不是很糊涂吗？这句话告诉我们，在历史上凡是有成就的领导者，都能够以古鉴今、古为今用。

唐太宗就是一个很好的榜样。唐太宗十六岁时，就开始从军打仗。从军十多年，没有时间去学习圣贤经典，对于古圣先王的治国之道茫然无知。二十七岁做皇帝之后，他知道创业艰难，守业更加艰难。所以，他就命令魏徵、褚亮、虞世南、萧德言等大臣，把唐朝以前治国理政的经验汇集起来，花了很长时间编纂了《群书治要》一书。唐太宗认真地阅读之后说："览所撰书，博而且要。见所未见，闻所未闻。使朕致治稽古，临事不惑。其为劳也，不亦大哉！"意思是，他看了魏徵所编纂的《群书治要》，认为广博而切要，是见所未见、闻所未闻。经、史、子中所记载的这些典故、经验、教训和治国的方法，他没有听到过，也没有见到过。这部书使他能够借鉴历史的经验，遇到事情不迷惑，知道应该如何去处理，并且知道了社会风俗教化的根本，知道了治国理政的源头，从而知道了治理国政应该从哪里入手。

盛世之君是考察历史，而亡国之君则自骄自智。《群书治要·吕氏春秋》上记载："亡国之主必自骄，必自智，必轻物。自骄则简士，自智则专独，轻物则无备。"亡国的君主一定是自以为是、非常骄满

自大，一定是自以为聪明而轻视他人。"必轻物"的"物"有自己以外的人——别人、众人的意思。如果一个人自以为是，很骄慢，一定会简慢失礼。他自以为聪明，一定会独断专行。他轻视别人，对人就没有防备，没有防备就会给自己招来祸患。独断专行，就会使自己的位子不安稳。对士人简慢无礼，就会闭塞视听。反过来说，"欲无壅塞必礼士，欲位无危必得众，欲无召祸必完备"。如果在位者不想闭塞视听，一定要礼贤下士；要想使自己的位子安稳，一定要得到众人的支持；如果不想为自己招来祸患，一定要防备完善。这三点是君主治国的大道。

《史记》也记载，纣王的天资很好，而且口才也不错，反应很快。他的才能和体力都超过了一般的人，可以空手和猛兽格斗。他的才智足以拒绝群臣的进谏，并为自己的过失、错误找到借口。他"矜人臣以能，高天下以声，以为皆出己之下"，向群臣夸耀自己的才能，在天下抬高自己的声威，认为天下的人都不如自己。所以，这样一个自以为是、骄慢无礼的人，最终被推翻了，商朝很快也就灭亡了。同样，秦始皇认为自己的功绩超过了五帝，他的地盘比夏、商、周三代都广阔，羞于与三皇五帝相并列。"足己不问，遂过而不变"，他骄傲自满，不愿意向别人请教，有了过失不悔改，也导致秦朝很快就灭亡了。商纣王和秦始皇他们都是从反面给我们证明了，如果一个领导者骄慢无礼、自以为是，就会给自己招来祸患，甚至招致灭亡。

（三）盛世任用忠贤，衰世听信奸佞

《群书治要·中论》中有这样一段阐述："凡亡国之君，其朝未尝无致治之臣也，其府未尝无先王之书也，然而不免乎亡者，何也？其贤不用，其法不行也。"就是说，使国家灭亡的君主，他的朝中并不是没

有可以使国家得到治理的贤臣，他的府中也并不是没有圣贤经典，但还是不免于灭亡，原因就在于虽有人才却不被任用，虽有圣贤的礼法，但却不被推行。

《傅子》中记载了夏桀和商纣两人的例子。夏桀王整天荒淫无度，喝酒取乐，不务朝政。臣子关龙逢（也叫关龙逢）进谏，站在他的身边不走。夏桀很生气，把关龙逢关了起来，很快就处死了他。因为夏桀任用的都是奸佞之臣，而不用这种可以犯颜直谏的臣子，结果夏朝很快就灭亡了。商纣王也是如此。《史记》记载，商纣王整天喝酒享乐，沉迷于靡靡之音，还喜欢和女子饮酒取乐。他任用的"三公"，一个是鄂侯，一个是九侯，还有一个是西伯昌。九侯有一个女儿长得很美丽，九侯就把她进献给商纣王。但是九侯的女儿不喜欢过度的淫欲，商纣王很生气，就把她给杀死了，还把九侯也杀死，并且做成了肉酱。鄂侯看到这一点，就去劝谏他，用非常严厉的话语来指正他。结果纣王把鄂侯也杀死了，还把他做成了肉干。西伯昌听到了这件事，不免叹气。纣王知道了，就把他关在了羑里。后来，西伯昌的几个臣子就给商纣王进献了一些美女、宝马，还有金银珠宝，纣王才将西伯昌放了出来。纣王身边有三个贤臣——微子、比干和箕子。微子三番五次地去进谏纣王，纣王不听，最后微子就逃走了。比干犯颜直谏，纣王很生气，纣王说，听说圣人的心和别人的心不一样，我要看一看比干的心是不是和别人的心不一样。就将比干杀了，而且剖视其心。箕子看到纣王这样荒淫无道，非常害怕，就装作癫狂，沦为了奴隶。但是，商纣王还是不放过他，还是把他关了起来。没有人再敢劝谏，商朝也就很快灭亡了。周武王吊民伐罪，商纣王最后穿着镶嵌宝玉的衣服投入火中，自杀而亡。这些典故告诉我们，但凡荒淫无道、不愿意听臣子进谏的领导者、君主，都不能避免衰亡的结果。

关于忠贤之士的选拔标准,在《群书治要·典语》上有这样一句话:"夫世之治乱、国之安危,非由他也。俊乂在官,则治道清;奸佞干政,则祸乱作。"意思是,世间的治乱、国家的安危,并不是由其他的原因所导致的。只要任用有才能的、有德行的人为官,那么治理之道就会清明。如果奸诈的、谄媚的官员干预政治,祸乱也就会兴起了。知道了这一点,就要选择那些忠贤之士来做自己的属下,把这些人提拔到领导位置上。

但是,这些忠贤之士并不是能够一目了然就观察出来的。所以在《群书治要·吕氏春秋》上又有这样一段话:"亡国之主似智,亡国之臣似忠。似之物,此愚者之所大惑,而圣人之所加虑也。"使国家灭亡的君主,看起来好像是聪明而富有智慧的。亡国之臣,看起来都是很忠心。这些表象是愚者大为迷惑的,也是为圣人所详加考虑、忧虑的。一个明智的君主一定要知道,什么样的臣子是忠贤之士,并能够把这样的人选拔出来。

(四)盛世乐闻其过,衰世乐闻其誉

在《群书治要·吴志(下)》中记载:"兴国之君,乐闻其过。荒乱之主,乐闻其誉。闻其过者,过日消而福臻。闻其誉者,誉日损而祸至。"这句话告诉我们,能够使国家兴盛的君主,都是喜欢听到别人指正他的过失。例如,在《论语》中,孔子的弟子子路"闻过则喜",听到别人给他指正过失,他就非常地高兴。"禹闻善言则拜",大禹听到别人给他进谏,指正过失、提建议,他要给人礼拜以表示感谢。"荒乱之主,乐闻其誉",能够使国家昏乱的国君,都是喜欢听到别人对他的赞誉,喜欢别人赞扬他、为他歌功颂德。"闻其过者,过日消而福臻",喜欢听别人指正他过失的人,他的过失一天天地减少,福分也就来到了。相反，"闻其誉者，誉日损而祸至"，喜欢听赞誉的人，他的声誉却一天一天地减损，结果灾祸也就来到了。

《群书治要·孔子家语》上也有这样一句类似的教诲，即"药酒苦于口而利于病"。在通行的《孔子家语》本子上，讲的是"良药苦于口而利于病，忠言逆于耳而利于行。汤武以谔谔而昌，桀纣以唯唯而亡。君无争臣，父无争子，兄无争弟，士无争友，无其过者，未之有也。"良药虽然吃起来很苦，但是对病的愈合是有帮助的。忠言虽然听起来不好听，但是对你的行为是有帮助的。汤武的臣子都敢于直言不讳，所以汤武就昌盛起来了。商纣王和夏桀王的臣子却多唯唯诺诺，不敢犯颜直谏，结果他们就灭亡了。如果领导、君主没有敢规劝他的属下、臣子，父亲没有敢规劝他的儿女，兄长没有可以规劝他的弟弟，士大夫没有可以规劝他的朋友，而能够没有过失，是从未有过的。

《群书治要·文子》上也有这样一句话："国之将亡也，必先恶忠臣之语。"一个国家要灭亡的时候，一定是厌恶忠臣的犯颜直谏、忠臣的规劝。这些教诲提醒领导者要保持明智，一定要喜欢别人指正自己的过失，多听别人的建议。

（五）盛世反求诸己，衰世怪罪别人

《群书治要·春秋左氏传》上记载："禹汤罪己，其兴也悖焉；桀纣罪人，其亡也忽焉。"为什么孔子非常赞叹尧、舜、禹、汤这样的古圣先王？因为他们都是能够遇到事情反省自己而不责怪别人的人。

例如，尧帝有一次在大街上走，看到两个犯人被押往监狱，当时尧帝就很惶恐。因为他觉得是自己没有治理好，才有犯罪的人。他就问："你们两人为什么被抓起来？犯了什么样的过失？"这两个人回答说："因为上天久旱不雨，我们没有东西吃，不得已，偷了别人家的东西，

所以被抓了起来。"尧帝听了这样的回答，马上对身边押解犯人的狱卒说："你们把他们放了，把我抓起来。"周围的人非常地惊讶，都说："怎么能够把国君抓起来呢？"尧帝非常诚恳地说："因为我犯了两大过失。第一，我作为一国之君，没有德行，所以才导致上天久旱不雨，这是我的第一大过失。第二，我作为一国之君，应该承担起君、亲、师的责任，但是我却没有把这个责任尽到，让他们犯了罪，这都是我没有把他们教好，这是我的第二大过失。"

汤王效法尧帝这种"行有不得，反求诸己"的做法。在《群书治要·后汉书》上记载，当遇到了大旱天气的时候，成汤以六事来自责："政不节耶？使人疾耶？宫室荣耶？女谒盛耶？苞苴行耶？谗夫昌耶？"是我的政事不合法度了吗？是我使用民力太急遽了吗？是不是我的宫室建造得太奢华了？还是女宠干预朝政太猖獗了？是收受的贿赂太多了吗？还是进献谗言的人太猖狂了呢？

正是因为尧、舜、禹、汤都有这种"行有不得，反求诸己"的责任意识，所以才能够把天下治理好。所以领导者能够率先垂范、以身作则，对于一个国家的昌盛至关重要。

《淮南子》中记载，衰世之主是恰恰相反：夏桀不关心朝政，放荡没有节制，结果商汤王起兵把他关在了焦门这个地方。但是即使到了这时，夏桀还不反省，不认为自己有错，反而后悔没有在夏台把商汤杀掉。商纣王也是如此。商纣王也是不理朝政，一天到晚饮酒作乐，不理百姓的疾苦，还制造了炮烙之刑。最后，周武王把他困在了宣室。他不反省自己的过失，而是后悔没有在羑里这个地方把周文王杀掉。这些人即使遇到了灾难，甚至濒临灭亡的时候，还不知道反省自己的过失，还在怨天尤人。

（六）盛世抑损情欲，衰世纵欲享乐

《群书治要·晋书（上）》记载："三代之兴，无不抑损情欲；三季之衰，无不肆其侈靡。"夏、商、周三代之所以能够兴盛，无一不是因为抑制自己七情六欲的享受。夏、商、周三代最后之所以衰落乃至灭亡，无一例外的是因为太放肆自己的情欲，过分奢侈浪费所导致的。

在《群书治要·政要论》上有这样一段精辟的论述："故修身治国也，要莫大于节欲。传曰：'欲不可纵。'历观有家有国，其得之也，莫不阶于俭约；其失之也，莫不由于奢侈。俭者节欲，奢者放情。放情者危，节欲者安。尧舜之居，土阶三等，夏日衣葛，冬日鹿裘。禹卑宫室而菲饮食。此数帝者，非其情之不好，乃节俭之至也。"也就是说，凡是修身、治国的人，关键都在于能够节制自己的欲望。所以经传（此处指《礼记》）中说："欲不可纵，傲不可长，志不可满，乐不可极。"考察历史会发现，凡是有家有国的人，之所以能够昌盛，没有不是凭借节俭的。他们失去天下，也没有不是因为过分奢侈浪费所导致的。节俭的人，能够节制自己的欲望；奢侈浪费的人，一味放纵自己的情欲。放纵自己情欲的人危险，节制自己欲望的人平安。尧、舜所居住的地方只有三级土台阶，夏天穿着粗布所编织的衣服，冬日只穿着鹿皮制成的大衣，他们的衣服都很粗陋。禹的宫室非常简朴，饮食非常微薄。这几位帝王并非生来情之不好，而是他们最大限度地做到了节俭。恰是因为节俭，能够使天下太平。

《格言联璧》中说："欲是深渊。"一个人的欲望一旦打开，就没有边际。所以《大学》上说，"修身、齐家、治国、平天下"首先要从"格物"做起。"格物"的一种解释就是格除自己的物欲，使自己面对财色、名利都如如不动，才能够明智。"格物"之后才能够"致知"，智慧才能够显明。"知至而后意诚，意诚而后心正"，只有把心放正，才能够去治国、平天下。所以，领导者要想修身，应该从格除物欲做起，吃、穿、住、行都要力求俭朴，不要奢侈浪费。

中国古人从小教导孩子要勤俭持家。所以，曾国藩虽然做到了四省总督，但是他仍然要求孩子自己的家事自己做，而且告诉他们要勤俭持家，不能够放纵自己的欲望。人在童年的时候应该积福、惜福。一个人一生的福分是有限的，不能年轻的时候都糟蹋光了。中国人有一句话："少年得志大不幸。"少年的时候有钱有势，却不知道珍惜自己的福分，还放纵奢侈，很快就把自己的福分消掉了。所以中国古人从小教导孩子勤俭持家。他们能够富贵超过三代，都是因为勤俭持家、孝悌传家。中年的时候，用自己的所学所能来贡献社会，回馈国家，服务人民。当一个人心中有这样的观念时，即使承担很重的工作，也不会感受到压力。因为他能够看到自己的工作对于国家、人民、社会，乃至千秋万世所做的贡献，看到其中的意义和价值，所以他没有压力。由于中国人把儿孙教导得很好，到老的时候，儿女围绕膝前，享受着天伦之乐。这就是中国古人的人生轨迹，确实是非常值得今人学习和效仿。

《尚书》上记载：帝禹的孙子，也就是启的儿子太康，身居帝位，但是不务朝政，非常喜欢游乐、打猎，放纵自己的情欲没有节制，百姓对他非常怨恨，而他还不知道反省。他到洛水之南去打猎，打了百余天都不回京都。这时，有穷国的国王后羿趁着国民怨声载道，把太康拦在了黄河岸边，不让他回国。太康的五个弟弟侍候着他们的母亲随从打猎，在洛水和黄河的交界河湾之处被拦住后，几个弟弟埋怨太康不理朝政导致了现在的困境。他们五个人分别作了一首诗来劝诫太康。

第一个弟弟说："民惟邦本，本固邦宁。予视天下，愚夫愚妇，一能胜予。怨岂在明，不见是图。予临兆民，懔乎若朽索之驭六马。为人上者,奈何弗敬?"意思是说,人民是国家的根本,这个根本牢固了,国家才能够安宁。我看天下的愚夫愚妇,都能够战胜我。对于民怨,岂能只在乎已经显露的?应该在尚未显露时就有所谋划。我面临亿万的民众,危惧的心情就像用腐朽的绳索驾驶六匹马拉的马车。作为民众的君主,怎么能够不谨慎呢?

第二个弟弟说:"训有之:内作色荒,外作禽荒。甘酒嗜音,峻宇雕墙。有一于此,未或弗亡。"意思是说,在我们老祖宗大禹那里有教训,在内兴起迷恋女色之风,在外又兴起游猎的风气,喜欢饮酒没有节制,迷恋歌舞,住着又高又大而且墙上雕绘着图饰的屋宇,有上述情况之一,则没有不灭亡的。这句话很值得人警醒:"有一于此,未或弗亡",更何况这六者都有呢?

第三个弟弟说:"惟彼陶唐,有此冀方。今失厥道,乱其纪纲,乃底灭亡。"只因为有了尧帝,才占有了冀州这块地方。如果丢弃了尧帝的治国之道,扰乱了尧帝的法纪纲常,就会招致灭亡。

第四个弟弟说:"明明我祖,万邦之君。有典有则,贻厥子孙。荒堕厥绪,覆宗绝祀!"我们十分圣明的祖先是众多诸侯国的君王,他有治国的法典和规则,把这些都遗留给子孙,但是我们现在却荒废了前代人所留下来的事业,覆灭了祖宗,断绝了祭祀!

第五个弟弟说:"呜乎曷归?予怀之悲。万世仇予,予将畴依?郁陶乎予心,颜厚有忸怩。弗慎厥德,虽悔可追?"唉,我们将何以回归呀!我的内心怀着深深的悲伤。普天之下的人们都怨恨我们,我们还将依靠谁呢?我的内心充满了哀伤,脸上蒙着深深的羞愧。平日不慎修自己的品德,虽然后悔,难道还能追回吗?

古代的这些君主,一旦骄奢淫逸,还有旁边的人,包括贤明的弟弟,来劝告他,使得他的行为能得到及时的匡正。

（七）盛世天下为公，衰世天下为私

《群书治要·淮南子》中讲道："成康继文武之业，守明堂之制，观存亡之迹，见成败之变。非道不言，非义不行，言不苟出，行不苟为，择善而后从事焉。由此观之，则圣人之行方矣。"意思是说，周成王和周康王继承了周文王和周武王的基业，遵守着明堂的政教制度，能够明察前代兴亡的轨迹，能够看清成败的变化，不符合道的话不说，不符合义的事不行，从来不随便出口说话，行为举止不随意作为，能够"择善而从"。从这里可以看到，圣人的行为是方正的，可以作为后世的师表。

那么，为什么在成康之后，想使国家兴盛发达的人很多，但是国家却兴盛不了呢？《群书治要·汉书》用一句话为我们指出了原因："自成康以来，几且千岁，欲为治者甚众，然而太平不复兴者，何也？以其舍法度而任私意，奢侈行而仁义废也。"自从周成王、周康王以来，几乎也有上千年了。想使国家大治的人很多，但是太平盛世却不能够复兴。这是什么原因呢？因为这些君主都舍弃了古圣先王治国的常道，而一任自己的私心来行事，结果奢侈盛行，废弃了仁义。这说明，领导者由于舍弃了古圣先王治国的常道，放纵自己的私欲，导致了太平不能够复兴。

《群书治要·商君子》中提出："乱世之君臣，区区然皆欲擅一国之利，而搜一官之重，以便其私，此国之所以危也。"意思是，乱世的君臣都是洋洋自得地想着要怎么样专有一国的利益，想方设法地去选择哪一个官位更重要，哪一个官位更方便谋取私利，这是国家之所以危亡的重要原因。这一句话就指明了国家兴盛或危亡的原因。

《群书治要·孔子家语》上有一个典故：

第一章 腐败根源的一般性分析

鲁哀公来向孔子请教说:"大礼何如?""大礼"是怎么样的呢?"子之言礼,何其尊也?"为什么您一谈到礼,就这样地尊崇它呢?

孔子说:"丘闻之,民之所以生者,礼为大。非礼则无以节事天地之神焉,非礼则无以辨君臣、上下、长幼之位焉,非礼则无以别男女、父子、兄弟、婚姻、亲族疏数之交焉。"孔子讲:我听说,人们之所以能够正常的生活,礼是最重要的。如果没有礼,就无法按照一个合适的标准来祭祀天地鬼神。如果没有礼,就无法区别君臣、上下、长幼的位置。如果没有礼,就没有办法来辨别男女、父子、兄弟、婚姻、亲族远近亲疏的交往。"是故君子此为之尊敬,然后以其所能教示百姓。卑其宫室,节其服御,车不雕玑,器不雕镂,食不二味,心不淫志,以与万民同利。古之明王之行礼也如此。"因此,古代治国理政的人对礼特别地加以尊重,并以他们自己所能够做到的来教导百姓。他们所住的房屋很简陋,他们的服饰也非常简朴。车子上没有特别的雕饰,所使用的器具也不精雕细刻。饮食不讲究美味,他的心里也没有特别的贪求,和天下的百姓共享利益。古代圣明的君王就是这样来行礼的。

哀公听了之后,提了一个很好的问题:"今之君子,胡莫之行也?"那为什么今天的国君不能够这样去做呢,为什么不能够去行礼了呢?

孔子回答说:"今之君子,好利无厌,淫行不倦,荒怠慢游,固民是尽,以遂其心,以怨其政,以忤其众,以伐有道。"今天的君主追求利益,贪得无厌,荒淫奢侈无度,懒惰怠慢、游手好闲,一味地搜刮百姓的钱财来满足其贪心,使百姓抱怨朝政,并违背众人的意愿去征讨政治清明的国家。"求得当欲不以其所,虐杀刑诛不以其治。"为了满足自己的欲望不择手段,不是依据正常的法度,而是任意地使用暴虐严酷的刑罚,来诛杀百姓。"夫昔之用民也由前,今之用民也由后,是即今之君子莫能为礼也。"从前的君王治理和役用百姓,都是按照前述的方法去做,而今天的君主、官吏役用和治理百姓,都是按照后一种做法去做,这就是今天的君主、今天的官吏不能够修明礼教的原因了。

为什么政教不修,礼仪不能够复兴?就是因为当君王的、为官的不能够率先垂范,他们已经习惯于骄奢淫逸的生活了,把升官作为发财求利的手段,没有想到做领导的目的是为人民服务、为天下谋福利。所以,古之盛世君王,他能够崇尚道义,崇尚道德仁义礼,以天下为公,而衰世之主违背道义,以天下为私,无非是升官发财、以权谋私。

通过以上对比,可以看到官德修养与国家盛衰之间有着直接而密切的联系。我们学习历史,总结出这些历史的经验,可以以古鉴今,能够为现代的领导者修身、齐家、治国、平天下提供借鉴。

三、"不教而杀谓之虐":唯有圣贤教育可以导正人心

德才兼备的领导者不是凭空出现的,必须靠教育才能培养出来。《群书治要·盐铁论》中就提道:"法能刑人,而不能使人廉;能杀人,而不能使人仁。"《群书治要·淮南子》上也说,"不知礼义,不可以刑法。法能杀不孝者,而不能使人为孔、曾之行;法能刑窃盗者,而不能使人为伯夷之廉。孔子养徒三千人,皆入孝出悌,言为文章,行为仪表,教之所成也。"这就说明,靠法律和制度建设可以把不孝的人判处死刑,但是不能够使人们成为孔子、曾子那样有德行、有孝心的人;法律也能够把窃贼给以刑法的制裁,但是不能使人成为伯夷那样有廉洁、有志气的人。孔子教育的徒弟有三千多人,每一个人在家孝敬父母,出门尊敬长辈,言为世则,行为世法,一言一行,都能成为世间的表率,是依靠教育所成就的啊!

《群书治要·史记》中也记载:"汉兴,破觚而为圆,斫雕而为

朴,网漏于吞舟之鱼,而吏治烝烝,不至于奸,黎民艾安。由是观之,在彼(道德教化)不在此(法制的严苛)。"意思是说,汉朝兴起,去掉棱角而力求宛转,免去繁文缛节而提倡质朴,法网宽疏得可以漏掉能吞噬船只的大鱼,可是吏治却蒸蒸日上,谁也不敢为非作歹,百姓和美安定。由此看来,治理国家重要的是道德的引导,而不在于刑罚的严酷。在《论语》中孔子也提出:"不教而杀谓之虐。"也就是说,在位者没有教导人们仁义慈悌的道理,人们因为缺少伦理道德的教育、不知道做人的本分责任而走向违法乱纪的道路,就被处以死刑,这种政治属于虐政。《群书治要·汉书》中也说:"以礼义治之者,积礼义;以刑罚治之者,积刑罚。刑罚积而民怨背,礼义积而民和亲。故世主欲民之善同,而所以使民善者或异。或导之以德教,或驱之以法令。导之以德教,德教洽而民气乐;驱之以法令者,法令极而民风哀。"意思是说:用礼义治国者,积累的就是礼义;用刑罚治理国家者,积累的就是刑罚。刑罚用多了人民就怨恨背叛,礼义积多了人民就和睦亲爱。本来世代君主都想让人民德行美好的意愿是相同的,但用以使人民德行美好的办法却不同。有的是用道德教化来引导,有的是用法令来驱使。用道德教化引导,德教和谐时人民的精神状态就表现出欢乐;用法令来驱使的,法令严酷而民风就呈现出哀怨。

中国的文化传统不同于西方的宗教文化,是一种重视伦理道德因果教育的圣贤文化,注重通过家庭教育、学校教育、社会教育、宗教教育等形式培养德才兼备的人作为官吏的候补,并进而从官吏的选拔、考核、监察、奖励、培训和管理制度上落实了"进贤受上赏,蔽贤蒙显戮"的主张,保证了德才兼备的人被选拔到领导职位上。换言之,这种政治制度同时兼顾了公平正义和仁慈博爱两个方面。所以中国历史上的理想政治制度是圣贤政治。在这种政治制度中,所有的制度建设和改革都是围绕着如何把人培养成为一个好人而设计的，其结果是"贤君之治国，其政平，吏不苛，其赋敛节，其自奉薄，不以私善害公法，赏赐不加于无功，刑罚不施于无罪，害民者有罪，进贤者有赏，官无腐蠹之藏，国无流饿之民"。"善为国者，御民如父母之爱子，如兄之慈弟。见之饥寒，则为之哀。见之劳苦，则为之悲。"（《群书治要·六韬》）

圣贤政治所达到的是高于"不能欺"和"不敢欺"的"不忍欺"（《群书治要·史记》）的理想效果。在《群书治要·体论》中也说道："德之为政大矣，而礼次之也。夫德礼也者，其导民之具欤。太上养化，使民日迁善，而不知其所以然，此治之上也；其次使民交让，处劳而不怨，此治之次也；其下正法，使民利赏而欢善，畏刑而不敢为非，此治之下也。"意思是说：用道德教化是第一位的，礼法则紧随其后。道德与礼法都是引导人民的工具啊！远古时代的道德教化，使人民日益转向善良，却不知道自己为什么会转向善良，这是最好的治理；其次，使人民互相礼让，身受劳作之苦而并无埋怨，这是次一等的状况；再次就是用法规来纠正，使人民因利益得到保障而喜欢从善，因畏惧刑罚而不敢做非法之事，这是最末一等的治理。

而废弃圣贤政治不用的结果，在《群书治要·六韬》上也有所说明："君以世俗之所誉者为贤智，以世俗之所毁者为不肖，则多党者进，少党者退，是以群邪比周而蔽贤，忠臣死于无罪，邪臣以虚誉取爵位，是以乱世愈甚，故其国不免于危亡。"意思是说，国君把世俗（大众）所称道的人当作有贤能智慧的人，把世俗（大众）所诋毁的人当作不肖之人，那就会使党羽众多者被提拔，不结党者被排挤。这样奸邪势力就会结党营私而埋没贤能的人，忠臣无罪而被置于死地，奸臣用虚名取得爵位，所以社会更加混乱，国家也就难免陷于危亡的局势了。可见,如果社会大众的道德素质(如自私自利)和理性能力(短视没有远见)没有达到一定的水平,采取民主政治的后果更加不堪设想。可见,无论是圣贤政治还是民主政治,都是以一定的公民道德素质和理性能力为基础才能达到理想效果。忽视了人的道德素质提升而仅仅关注民主制度的推行无法从根本上解决由于人的良心泯灭而导致的种种社会问题。

从历史上看,中国是一个有着两千多年统一历史的国家。如果采用一个形象的比喻,这种长期统一的历史所形成的国家就如同是一个大的统一的超级市场,已经形成了统一的管理模式和管理经验,实行的以重视伦理道德教育为基础的圣贤政治。而美国是一个移民国家,缺少长期统一的历史经验,就如同一些小摊贩一样。为了把诸多的小摊贩管理起来,所以采取了建立在两党制基础上的普选制民主政治形式。如果我们现在放弃了圣贤政治而采取普选制民主政治的形式,就等于放弃了超级市场的管理方式而学习小摊贩的管理方式,是十分可笑而可悲的选择。而这种选择的根源在于近现代以来,对传统文化的过度批判,使我们一度丧失了文化自信心。所以树立高度的文化自觉和坚定文化自信、历史自信,是非常及时而迫切的。

四、从传统文化看西方民主制度的弊端

现代西方的民主制度,被很多人视为人类历史上迄今为止最先进的政治制度之一。一人一票,人人都能参与竞选,更是追求自由平等人权的青年人向往的理想目标。然而,研读《群书治要》等传统经典可以发现,中国古人很早就认识到制度运行中可能出现的弊端。深入传统文化,可以帮助我们树立高度的文化自觉与文化自信,根据自己的历史文化传统建立和完善一套中国特色的政治制度,有效反对腐败。

《群书治要·抱朴子》中讲:"庙算不精,而穷兵以侵邻。犹铲禾

以计蝗虫，伐木以杀蛞蝎，食毒以中蚤虱，撤舍以逐雀鼠也。"意思是：朝廷对国家大事的谋划不当，却竭尽兵力去侵犯邻国。这就好像割掉禾苗以消灭蝗虫，砍掉树木以消灭蛞虫，吞下毒药以杀死跳蚤、虱子，拆除房舍以驱逐麻雀和老鼠一样。

一个国家竭尽兵力去侵犯邻国的一个很重要的原因，就是为了缓解或转嫁国内的危机。看到这句话，我们就立刻联想到当代的美国。美国由于采取了高消费、高浪费的快速发展模式，造成了财政透支，这种模式已经走到了泛滥的地步。为了保持高消费的生活方式，就必须靠借债维持。二〇一一年，美国的国债已经达到了14.29万亿美元的历史新高，触及国会所允许的上限。为什么屡次敲响警钟，而国债问题却屡屡解决不了？其中一个重要原因就是因为西方的民主选举制度。因为如果一个政党候选人选择的施政方针影响到选民的利益，选民就不投他的票了。为了争取选民、获得选票，任何政党都不愿意采取增加税收、降低福利的措施，而这种措施才是解决国债危机的出路。

一人一票的民主选举制度，被许多人认为是至今历史上最合理的政治制度。但是如果我们研读历史之后，就发现其实并非如此。因为现代社会的民主选举，至少有以下几个弊端是难以避免的：

第一，以言取人。

民主制是通过什么来了解参选人、选举领导人？主要是通过参选人的演讲。这就会导致我们古人所说的"以言取人"的倾向。

在《论语》中有很多关于言语的经典论述，譬如说，"巧言令色，鲜矣仁"。一个人花言巧语，伪装出和善的面目，善于逢迎取悦别人，这样的人就缺乏仁德之心。又说"君子欲讷于言而敏于行"，君子在言语上应该谨慎、迟缓，但是在行为上要敏捷、雷厉风行。正是因为一个人巧言令色，鲜有仁德之心，所以"君子不以言举人"，不因为他说得很好听，就对他委以重任。因为虽然他能做出很多承诺，但是一旦被选举上来，诺言却很难兑现。所以孔子也说，"有言者不必有德"，这个人言语很好听，但是他不一定有真正的德行。所以我们既要听其言，还要观其行。

在《群书治要·中论》上也有一段关于言语和德行的论述，说得非常有道理。它说："夫利口者，心足以见小数，言足以尽巧辞，给足以应切问，难足以断俗疑，然而好说不倦，谍谍如也。"能言善辩的人，他的心智足以洞察到微细之处，言辞也非常巧妙、很有修饰，伶牙俐齿足以应对急切的追问，对人反驳也足以让世俗之人信服，但是他喜欢言谈，不知疲倦，喋喋不休。"夫类族辨物之士者寡，而愚闇不达之人者多，孰知其非乎？"然而在世间，那些可以按类归纳推理、明辨事物的人是很少的，而愚钝的、容易被蒙蔽的人是多数，那谁知道他说得正不正确？因为他的口才很好，甚至还有很高的学历，讲出话来头头是道，普通世俗之人就很容易听信他的话。但是他所说的可能是有违大道的。"此其所以无用而不见废也，至贱而不见遗也"，这就是为什么他没有什么实际价值，却不被废黜、遗弃的原因所在。

"先王之法，析言破律、乱名改作、行僻而坚、言伪而辨者杀之，为其疑众惑民而浇乱至道也。"古圣先王的法律规定，巧说诡辩而曲解法令、混乱礼法名分使其失去原意、行为邪僻却坚持不改，言语虚伪、强词夺理的人，要处以死刑。就像孔子，他当了大司寇没有几天，就把"行僻而坚，言伪而辨"的少正卯诛杀了。因为正是少正卯的口才非常好，致使孔子的很多弟子都被吸引去听讲。这些弟子跟着孔子学习很长时间了，但是少正卯一发表异论，他们都被吸引迷惑，分不清楚哪一个是符合道的了。为什么？就是因为少正卯的口才好，能言善辩，把不符合自然规律和人性的歪理邪说讲得头头是道。即使孔子的弟子也都被迷惑了，更何况是没有听闻大道的百姓呢。所以对于这样的人，只有把他处决掉。为什么？因为他会使民众对大道产生怀疑，分不清是非、善恶、美丑，使伦理道德的标准动摇，这样就会造成社会人心的混乱。所以，古人绝不以言取人。

在《汉书》中记载，时任廷尉的张释之，和汉文帝一起出行到虎圈（饲养虎的地方），汉文帝向上林苑的主管询问禽兽簿上的事项。结果他问了十多个问题，上林尉吞吞吐吐，一个都回答不上来。而在旁边有一个官职很低的啬夫，就代替上林尉来回答这些问题。皇上所问这些问题他是有问必答，而且滔滔不绝，看得出他对禽兽簿很熟悉，而且口才也很好。文帝听了之后，忘记了孔子"君子不以言举人"的教诲，于是就说："当官吏的难道不就应该是这样吗？"因此他就准备下诏，拜这个啬夫为上林令（上林令是管理上林苑的最高长官，比上林尉的职位还要高）。

张释之看了之后，立即上前劝谏。他问文帝："您觉得绛侯周勃是什么样的人？"周勃是西汉著名的军事家和政治家，也是西汉的功臣，绛侯是他的封号。文帝说："他当然是长者了。"长者就是年高德劭的人。张释之又问："东阳侯张相如是怎样的人？"张相如也是因为有战功才被封侯的，他在西汉的一百四十三位功臣中列居一百一十八位。文帝回答说："他当然也是长者。"张释之就说："绛侯、东阳侯都是德高望重的长者，但是他们两个人在朝廷上书言事的时候，竟然说不出话来。哪像这个啬夫喋喋不休？秦国任用了只会舞文弄墨的刀笔之吏，这些人行事急迫严苛，却没有恻隐之心。秦始皇由此积累了深重的祸患，到秦二世时，天下就土崩瓦解了。现在陛下因为这个啬夫能言善辩，就越级提拔他，我恐怕天下会随风响应，争相去炫耀口才，而不求实德。况且下级顺从上级的速度就像响之应声、影之随形一样的迅速。因此，皇帝的一个政策、一个举动都不能够不谨慎小心。"文帝听了之后，觉得很有道理，于是就放弃了提拔啬夫的打算。所以古人评判一个人才，不会仅仅从言语就下定论。

在《群书治要·傅子》上也说："上好德则下修行，上好言则下饰辩。"如果君王喜欢的是德行，那么属下都会纷纷地去修养自己的品行；如果上面的人喜欢言辞，下边的人都会争相地培养自己的口才。"修行则仁义兴焉，饰辩则大伪起焉"，如果人人都重视修养，重视道德和品行，天下的仁义之风就兴起来了；人人都去学能言善辩，虚伪的风气就会兴起，这是必然的征兆。"德者难成而难见者也，言者易撰而易悦者也"，但是真实德行的成就是很难的，即使成就了也很难被发现；而言语却很容易出口，也容易取悦于人。"先王知言之易，而悦之者众，故不尚焉"，古圣先王都知道口才、文辞容易练就，而且爱听好话的人很多，所以并不崇尚言谈。"不尊贤尚德、举善以教，而以一言之悦取人，则天下之弃德饰辩以要其上者不勘矣"，如果不尊崇贤德之人，也就是通过尊师重道、举荐和褒奖善人教导百姓向善，却只以言辞说得好、能够取悦于人的标准来选用人才，结果天下背弃道德，只追求言辞修饰、能言善辩，并以此来向君主邀功请赏的人就不会少了。

"德难为而言易饰也"，德行很难修养、很难成就，但是言语却很容易修饰。例如，一个人克服一个过恶，比如说嫉妒心强、容易傲慢、动怒，都得十年、二十年的工夫。但是我们只要学一学演讲术，很容易就可以上台去演讲。所以古人看到了这些问题，告诉我们不要因为一个人言语好听，就对他委以重任。但是西方的民主选举，确实主要是根据一个人的演说来选举一个人。

第二，结党营私。

民主选举就是服从多数人的意愿。一人一票的结果是很难避免结党营私，而且选举出来的人不一定是最合适的德才兼备之人。

领导者判断属下的贤德与否，不能仅仅依靠众人的意见，而必须自己深入考察、细致了解具体情况，明辨众人赞扬或毁谤一个人的真实原因。《史记》记载，齐威王刚即位时，九年之间，诸侯都来讨伐他，致使国家得不到治理。于是，齐威王召来即墨大夫，对他说："自从你到即墨之后，寡人每一天都能听到毁谤你的言语。但是寡人派人视察即墨，发现田野都得以开辟，人民丰衣足食，官府没有积压的公事，齐国东部地区因此得以安宁。这是因为你不会讨好我的左右以求得赞誉的缘故。"于是，齐威王封赏了即墨大夫一万户食邑。

接着，齐威王又召来阿地的大夫，对他说："自从派你去驻守阿城，每一天我都能听到赞叹你的声音。但是寡人派人到阿地视察，田野没有得到开辟，人民过着贫苦的生活。赵国攻打甄地的时候，你不能出兵去救援；卫国取得薛陵的时候，你居然连这件事都不知道。这是由于你善于以重金巴结寡人的左右以求取声誉所导致的。"所以，当天齐威王就烹杀了阿地的大夫，而且把曾经赞誉阿地大夫的人也一同烹杀了。结果，齐国上下都感到很恐惧，人人不敢再文过饰非，做事务求真实，竭尽全力做好自己的本分。最终齐国得到治理。

《论语》中说："众恶之，必察焉；众好之，必察焉。"如果大家都厌恶他，你也一定要去观察，为什么他被人厌恶，不能够轻易相信众人的意思。也有人被众人所推崇，同样也不要轻易相信，要考察一下，他为什么被人赞叹。

子贡曾经向孔子提这样一个问题："乡人皆好之，何如？"全乡的人都赞叹他好，能不能判断他就是一个善人呢？孔夫子说："未可也。"还不一定。子贡又问："乡人皆恶之，何如？"如果全乡的人都厌恶他，可不可以判定这个人就是个恶人呢？孔子说："未可也。"也不一定。"不如乡人之善者好之,其不善者恶之。"不如全乡里善良的人都喜欢他,不善良的人都厌恶他,这样才能够判断出这个人的善恶。

在《晏子》中记载着一个类似的故事,也说明了这个道理。起初,齐景公派晏子去治理阿城。结果治理了三年,毁谤晏子的声音全都传到了齐景公的耳朵。齐景公非常生气,就把晏子召了回来。他说:你去治理阿城三年,结果到处都是毁谤你的声音,看来你治理得很有问题。晏子很有智慧,他没有立刻辩白,也没有马上说明事实真相。他说:请您再给我三年的时间,三年之后,我一定让赞叹的声音传到您的耳朵。齐景公答应了他。结果晏子再去治理阿城,三年之后,果然赞叹的声音全都传到齐景公那里。齐景公很高兴,把晏子召回来,并要封赏他。这时,晏子才说:三年之前我所做的事应该受到奖赏,但是您却要惩罚我;而三年之后我所做的事应该惩罚我,但是您却要奖励我。我不应该接受您的奖赏。

齐景公问其原因。晏子说:以前我在去治理阿城的时候,修筑小路,加强住宅里巷门户的防务,这样做了之后,邪恶的人就憎恨我;我还提倡生活节俭,力行孝顺父母、友爱兄长,惩罚那些苟且偷懒的人,以致懒惰的人就怨恨我;审判案件的时候,我不包庇显贵豪强,以致显贵豪强之人厌恶我;我身边的人有所要求,合法的我才给予,不合法的就不给予,结果我左右的人就讨厌我;我接待地位显贵的人时,亲近程度不超过礼仪的规定,结果地位显贵之人也不喜欢我。于是三种邪恶之人在外毁谤,两种谗佞之人在内部毁谤,所以三年之内,这些毁谤的声音全都传到您的耳边。后来,当我再去治理阿城时,我就改变了原来的做法,停止修筑小路,放松住宅里巷门户的防务,结果邪恶之人就高兴了;不再推崇生活节俭、尽力孝顺父母、亲爱兄长,也不惩罚那些苟且偷懒的人,结果懒惰之人就高兴了;判决诉讼时偏袒显贵豪强,显贵豪强的人就高兴了；只要身边之人有所要求，我不论对错就全部答应，结果左右之人也都高兴了；接待地位显赫之人时，亲近的程度超过礼仪规定，结果地位尊贵之人就高兴了。三种邪恶之人在外部称赞，两种谄邪之人在内部称赞，所以，三年之内我的好名声就传到您的耳边了。晏子讲完之后，齐景公低头沉思片刻，仍然给予晏子以重赏。可见，齐景公还是一个非常明理的人。

这说明，一个人虽然想做利益大众、利益国家的一些事业，但并不是一定就能得到大众的理解和支持。很多人不支持是因为关注自己的私利，或自己的眼前利益受到了危害，而并不是这个人所做的事从长远和全局来看本身是错误的。因此，如果领导者都以社会世俗大众的好恶作为判断事物该做和不该做的标准，并不能总是得出理性和正确的判断。例如，有些领导干部上任之后，不考虑国家民族长远的发展，只是希望社会大众给自己一个赞叹，留下一时的好名声，就大搞政绩工程，但都是短期效应，却不顾及子孙后代的长远发展，但社会大众也会对之大加赞叹。长此以往，很多弊病就会出现。《群书治要·六韬》中讲得好："君以世俗之所誉者为贤智，以世俗之所毁者为不肖，则多党者进，少党者退，是以群邪比周而蔽贤，忠臣死于无罪，邪臣以虚誉取爵位，是以世乱愈甚，故其国不免于危亡。"如果君主以世俗大众所称赞的人为贤德的、有智慧的人，以世俗大众所毁谤的人称为是不肖之徒，那么喜欢结党营私的人往往被举荐出来；而不愿意结党营私、党羽少的人就会被罢退。因此，邪曲不正之人结党营私、排除异己，把真正贤德之人蒙蔽、埋没了，忠臣还可能因为"莫须有"的罪名被处死，奸邪小人以虚有的声誉取得了领导的位置。结果，世间的乱象愈来愈严重，这个国家也就免不了要危亡。

由此可见，领导者不能简单地仅仅依靠众人的好恶来对人才的贤德与否做出判断。同时也说明,西方一人一票式的民主选举很难避免结党营私,因而也不能保证所选举出来的候选人是德才兼备的合适人选。特别是候选人为了提高自己在全国的知名度,让更多的选民了解和支持自己,必须依赖于大的财团进行宣传。一旦当选之后,也必须回报他们,考虑到他们的利益,所以基本上是被大的财团所掌控。而财团的性质基本是唯利是图。所以,在民主制度之下,结党营私是个很重要的弊端,这也是导致西方国家的政策虽然出现了病态,但是却不能够改变的原因。

无论是什么样的制度想要达到治理,都要以民众的道德、认知水平作为基础,尤其是普选制民主。所以,普遍提高国人的思想觉悟和道德水平才是解决社会问题的根本方法。

第三,遗漏人才。

由于普选制民主鼓励的是竞选、演说,这种选举方式往往会把最上等的人才给遗漏掉。

在《晏子》中记载,齐景公向晏子问求贤之道。晏子把人才分为三个等级,他说:"夫上,难进而易退也;其次,易进而易退也;其下,易进而难退也。"最上等的人才,很难请出来做官,即是做了官,也很容易退位而去;次一等的人才,容易出来做官,但是也很容易罢官而去;最下等的人,是最容易出来做官的,但是也最难离开官位的。因为真正有德行的人与人无争、与世无求,没有功利之心。就像古人所说的,"穷则独善其身,达则兼济天下"。是进是退完全是看时节因缘,有条件、时机成熟,就出来用自己的所学、自己的德行为社会、为人民做贡献;条件不成熟,就退而独善其身,不断地提升自己的品德。所以古人说"人到无求品自高"。像诸葛亮这样的人才,是要三顾茅庐才能请出来。他看刘备的心确实真诚恭敬,他才愿意帮助他,才肯出来做官。出来做官的目的不是升官发财、满足自己的私欲，而是想帮助国君治理天下，让天下的百姓过上太平幸福的生活。

现在提倡竞选，像西方国家一样讲竞争上岗，那就不能排除竞争应聘者急功近利，是为利益而来。所以从这个角度来看，竞选、竞争上岗往往选不出像诸葛亮、颜回这样最上等的人才，这样的人才是不愿意出来竞争的。愿意出来竞争的，大体都是有一些私心的。古人知道谦卑是人重要的德行，所以反而会选拔那些与人无争的人居位，这样的人才有公心。

第四，引发对立。

普选制民主选举采取竞选的方式，结果带动的是竞争的风气。因为喜欢竞争，竞争向上提升就是斗争，为了获得自己的利益尔虞我诈、钩心斗角，处心积虑地去谋算别人。在竞选的过程中有一个最大的特点，就是"自赞毁他"，称叹自己，抨击别人。而斗争向上提升就是战争。中国人常讲"家和万事兴"，一个家庭里只有和睦相处、礼让为先，才能够兴旺发达。一个国家也像一个家庭一样，如果大家不是互相欣赏、互相扶持，而是互相竞争、拆台，这个国家怎么能够和谐？怎么能够治理良好？上行下效，上面的人怎么做，下面的人就怎么效仿。整个社会都是竞争对立的风气，这个社会就不会有和谐礼让的氛围，也就很难治理好了。

可见，正是因为美国采取这样的治国理念，为了满足人们不断膨胀的欲望，不得不借债过日子。所以美国人一出生就背着债，这叫"庙算不精"。有的专家学者为了解决这个国债危机问题，就提出可以通过战争的方式。这就是所谓的"庙算不精，而穷兵以侵邻"。这种方式能否解决问题？在《盐铁论》中说："地广而不德者国危，兵强而凌敌者身亡。"土地广阔，但不实行德政的人，国家就有危险；倚仗兵力强大来欺凌别的国家的人，自己也会灭亡。正如习近平总书记曾引用的《群书治要》中的一句话："国虽大，好战必亡。"

但是很多西方人不明白这个道理。所以，西方国家近百年来所奉行的都是霸权文化，提倡竞争。早在一九二四年，孙中山先生就对西方的霸道文化和东方的王道文化做了一个很好的对比，他在《大亚洲主义》的演讲中这样讲道：就最近几百年的文化讲，欧洲的物质文明极发达，我们东洋的这种文明不进步。从表面的观瞻比较起来，欧洲自然好于亚洲。但是从根本上解剖起来，欧洲近几年是什么文化？是科学的文化，是注重功利的文化。这种文化应用到人类社会，只见物质文明，只有飞机炸弹，只有洋枪大炮，这是一种武力的文化。这种专用武力压迫人的文化，用我们中国的古话来说就是"行霸道"。所以欧洲的文化是霸道的文化，但是我们东洋向来轻视霸道的文化。还有一种文化，好过霸道的文化，这种文化的本质，是仁义道德。用这种仁义道德的文化，是感化人，不是压迫人；是要人怀德，而不是要人畏威。这种要人怀德的文化，我们中国的古话就是"行王道"。所以亚洲的文化就是王道的文化。但是很多人却认识不到这一点。

正如《淮南子》上所说的："今谓强者胜，则度地计众；富者利，则量粟称金。如此，则千乘之君无不霸王，万乘之国无破亡者矣。国之亡也，大不足恃；道之行也，小不可轻。由此观之，存在得道，而不在于大；亡在失道，而不在于小也。"现在有人认为只要强大就可以制胜，于是便丈量本国的地域、计算本国的人口，认为只要富有，国事就顺利，所以热衷于统计粮食储备、称量金银。如果真是这样的话，那么有千辆马车的君主无不可以称霸诸侯，有万辆马车的大国更是永远不会灭亡。一个国家将亡，再大也是靠不住的；如果道义畅行，国虽小也不能轻视。由此看来，国家得以存在，是因为有道，而不在于其大；国家所以灭亡，在于失道，而不在于其小。

所以东方的文化是王道，西方的文化是霸道。讲王道是主张仁义道德，讲霸道主张功利强权。讲仁义道德，是用正义公理来感化人；而讲功利强权，是用洋枪大炮来压迫人。

孙中山先生在演讲中也指出：现在世界文化的潮流，就是在英国、美国也有少数人提倡仁义道德。至于在其他各野蛮之邦，也是有这种提倡。由此可见，西方之功利强权的文化，便要服从东方之仁义道德的文化。这便是霸道要服从王道，这便是世界的文化日趋于光明。

当前世界危机四伏，汤恩比博士等有识之士早在20世纪70年代就提出，要拯救今天的灾难，唯有从中华文化中寻找答案（见汤恩比《未来属于中国》）。这个结论是正确的。简单地说，就是要放弃霸道文化，施行王道的文化。

总之，"庙算不精"，必致内忧；"穷兵侵邻"，必招外患。内忧外患，岂有不亡之理？历史是一面镜子，能够帮助现代人明辨是非、预判未来。几千年的历史文化积淀，铸就了中华民族尚和平、崇王道的政治品格。作为中华儿女，我们理应有天下兴亡、匹夫有责的担当和勇气。在全球化的今天，各种思潮此起彼伏，我们要客观、谨慎地评价尚未经过充分检验的理论。只有站在巨人的肩膀上，才能看得更远；只有站稳脚跟、坚定自信，才能走出一条属于自己的中国道路。

第二章

建国君民 教学为先

——教育制度使人不想腐

第二章 建国君民 教学为先——教育制度使人不想腐

习近平总书记指出:"反腐倡廉是一个复杂的系统工程,需要多管齐下、综合施策,但从思想道德抓起具有基础性作用。"腐败发生的深层原因在于思想道德问题,是人的本性中私欲的膨胀和道德观念的腐朽所致。所以,要治理腐败,筑牢思想之"堤",增强拒腐定力,消除贪腐之念,首先就要提高人的道德素质,重视廉德的培育和弘扬。而在廉德的培植过程中,中国古人尤为注重运用家庭、学校、社会等不同途径和形式开展廉洁教育,以涵养人"不想腐"的廉洁之心,这不仅有效保证了崇德向善、清正廉洁的教育教学始终不中断,有助于真正使人从思想上固本培元筑牢拒腐防变的堤坝。而且时至今日,这些内容对于新时代深入推进反腐倡廉工作,建设"不想腐"的教育引导机制同样有所裨益。

一、"一家仁,一国兴仁":家庭教育是廉洁教育的基石

《礼记·学记》云:"建国君民,教学为先。"建立一个国家,领导一国百姓,教育是最重要的。教的目的就是"长善救失",使人的善良不断增长,过失得以挽救。在中华五千年文明长河中,家庭作为一个人最初的成长环境,始终担负着传承道德、培育人才的重任。特别是在"家国同构"这一独特的文化理念背景下,传统家庭教育不仅关注家庭内部的和谐与秩序,更将个人的品德修养与国家的兴衰治乱紧密相连。

(一)家国同构下的家教内涵

家国同构是宗法社会的特征,所以孟子认为:"天下之本在国,国之本在家。"段玉裁在《说文解字注》中解释道:"天子诸侯曰国,大夫曰家。"也就是诸侯所治理的区域称为"国",卿大夫治理的区域称为"家"。在中国古代典籍中,体现家国同构的文献非常丰富。比如在《易经·师卦》之中有这样一句话:"大君有命,开国承家,小人勿用。""大君"就是指天子,"开国"就是建立诸侯,"承家"就是封为大夫,承受家邑。天子颁布命令,封赏功大者,使之开国为诸侯;封赏功小者,使之承家为卿大夫。《象传》又说:"大君有命,以正功也。小人勿用,必乱邦也。"天子颁布命令,是为了评定功绩,进行封赏。封爵要根据功劳的大小,目的是使国家安定。因此开国承家,必须用君子,不能任用小人。因为小人不符合治国平天下的正道,必将使国家陷入混乱。

从这里关于家、国的论述中可以看到,诸侯的属地就叫"国",大夫的属地就称"家"。所以说"家国同构",是指大夫所封的"家邑",它和诸侯所封的"国"都是表示一定的治理或管辖地域,在这个地域中有相似的政治架构,承担着同样的治理、祭祀和教化等社会功能,只是大小级别不同,这就是原始意义上的家国同构。在这种制度下,每个诸侯管理多大的土地区域,每一区域又分封了多少大夫,每个大夫分封了多少家都一清二楚。在这种情况下,贤德的人就无处隐居,暴民也无处藏身。因为诸侯、大夫对于自己属地,每家每户的人口都了解得清清楚楚,无有遗漏。所以想隐居、想藏身都办不到。

"家"字其实最早见于商代甲骨文,其本意是屋内、住所。随着先秦"家邑"制度的消亡,社会组织结构出现了明显的变动,"家国同构"的"家"的内涵逐渐演变为我们现代意义上所理解的个体家庭。家庭，作为社会的基本单位，是人生的第一所学校，也是预防和抵制腐败的一道重要防线。中国人从来都把家庭教育视为安身立命的根本，于生命个体而言，家庭永远是他原初性的生存和生活环境，是他感受、体验和意识得以生成的初始园地，是他的理智德性和道德德性得以训练和养成的土地，是他的快乐和幸福立于其上的天地。① 而一个人在家庭里形成的思维模式、价值观念及行为表现，将深刻影响他在为人处事、公共以及政治生活中的各种态度和行为。因此，家庭教育的成功与否，直接关系到国家的治理水平和社会的稳定程度。

《礼记·大学》中有"一家仁，一国兴仁；一家让，一国兴让"之说，《群书治要·尚书》中亦提到"立爱惟亲，立敬惟长，始于家邦，终于四海"。由此可见，家庭是国家的基本单位，国家是家庭的扩大和延伸，家庭与国家在结构和功能上具有相似性。换言之，个人的道德修养和家庭伦理被视为国家治理的基础。"立爱惟亲"强调的是对家庭成员的爱，这种爱是建立在血缘关系基础上的自然情感，是人伦关系的起点。随着亲亲之爱的扩充推及，个体逐渐懂得关心爱护他者乃及周遭一切。反之，如《孝经》所谓"不爱其亲而爱他人者，谓之悖德"，一个人倘若连自己的亲人都不能用心爱护，又怎能真心爱护他者，这显然与德行的要求是相悖离的。"立敬惟长"则是对年长者的尊敬，这不仅是对长辈的敬重，也是一种社会秩序的体现。"始于家邦，终于四海"表达了从家庭到国家再到整个世界的扩展过程。家庭是个人修身养性的开始，国家的治理也是从家庭伦理出发，最终这种伦理观念和道德修养会

---

① 晏辉，海日汗.论家庭对个体德性养成具有原初功能的伦理学依据[J].伦理学研究，2022（4）：9-17.

影响到整个世界,实现"四海之内皆兄弟"的理想状态。这种由内而外、由小及大的理念,强调了个人、家庭、国家和世界之间的有机联系,体现了一种整体性的教育观。

(二)家教核心理念与廉洁文化的培育

1. 以孝为本,树立廉洁观念

传统家庭教育的内容非常丰富,对孩童进行知识与技能的教育固然必不可少,但根本在于做人的教育,伦理道德的教育。而伦理道德教育也有一个先后次序,"孝"被视为最基本的道德准则,家庭教育往往从培养人的孝心开始,正如《三字经》谓"首孝弟,次见闻"。对父母的孝顺不仅是对家庭责任的承担,同样也容易培养起人对国家的忠爱之情、对法律的敬畏之心和对清廉的自觉之行。

在中国人的观念世界和社会生活中,孝占有至关重要的地位。《诗经·大雅·下武》有云:"永言孝思,思孝惟则。"孝道思想从早到晚,自然而然就可以察觉到。在古人那里,它被视为民生日用的"天则"。《孝经·开宗明义章》云:"夫孝,德之本也。"意在说明"孝"是道德教育的基础、动力与起点。德者,道之用也,德是需要通过行动呈现出来的,所以它必须要有切入点,在人的本能中要有依据。儒家找到的依据,便是"孝"之爱,即"亲亲"之情。"亲亲"是发生在孩子与父母之间最自然、最真实的情感,诚如孟子所觉察到的,"孩提之童,无不知爱其亲也"(《孟子·尽心上》),即便是三两岁的孩童都知道爱恋自己的父母。父母慈心爱护子女,子女依恋仰慕双亲,在人的成长过程中,这是最基本的情感需求,它非但左右着人一生的发展,同时也是人心灵深处诸种德性及道德发生的微观机制。正如《论语·学而篇》所载,有子曰:"君子务本,本立而道生。孝弟也者,其为仁之本与。"《大戴礼记·曾子大孝篇》中曾子亦曰："民之本教曰孝……夫仁者，仁此者也；义者，宜此者也；忠者，中此者也；信者，信此者也；礼者，体此者也；行者，行此者也；强者，彊此者也。"王聘珍曰："此者，并谓孝也。"①所以，人倘能尽可能完满地力行孝悌之道，那么，他在侍奉自己父母亲人过程中，涵养培植出来的爱敬之心，在充塞流行之中，自然可以推及他者，做到孟子所谓的"老吾老，以及人之老；幼吾幼，以及人之幼"（《孟子·梁惠王上》）；乃至达到"尽一己之性以通万物之情，通万物之情便于万物为一体"②的境地。马一浮先生言："一念爱敬之心，即此便是性德发露处"③，人若爱敬之心恒存，那么，自然也就能够做到，目中有人、慈心于物，处事待人、所言所行，处处合乎道，而不悖于礼。如是充溢于人们心中的一团和气，自然能带来万宝美利，通达于人生的各个领域。张祥龙先生在其《家与孝——从中西间视野看》一书中，也同样认为孝是人类本性的一部分，是一种发自良知的自发行为，与人的各种生存体验有关。他说："如果孩子不照顾父母，他会觉得天良不安。没有孝，家庭是不完整的，也是不健全的。"④可见，孝能培养人恩义、情义、道义的处世原则，有了这种原则，人们便不会轻易贪污受贿、违法乱纪。相反，以利害为取舍的处世原则，会使人见利忘义或忘恩负义。

当然，很多人对此也会提出反对意见，认为某某案件的犯人，平日生活中也会关心照顾孝顺父母，但还是照样贪污受贿、违法乱纪，最终锒铛入狱。对于这种说法，在《礼记·祭义篇》上有段论述可以作为

---

① [清]王聘珍.大戴礼记解诂[M].北京:中华书局，2021:83.
② 戴建业.澄明之境——陶渊明新论[M].上海:上海古籍出版社，2012:145.
③ 马一浮.复性书院讲录[M].南京:江苏教育出版社，2005:110.
④ 张祥龙.家和孝是人类的根本命运所在[N].第一财经报，2017-04-28.

回应，即"身也者，父母之遗体也。行父母之遗体，敢不敬乎？"我们的身体都是父母给予的，用父母给予的身体去做事，怎么敢不恭敬呢？尔后又举例道："居处不庄，非孝也；事君不忠，非孝也。"人子的生活起居如果不够庄重，这就不是孝的表现；在侍奉君主、侍奉领导过程中，倘若不竭忠尽智，这也不是孝的表现。"莅官不敬，非孝也；朋友不信，非孝也；战阵无勇，非孝也。"如果入朝为官不认真负责，没有尽到自己的本分，还经常损公肥私、贪赃枉法，这不是孝的表现；与朋友相交往不够诚信，这不是孝的表现；作战没有勇敢的精神，这也不是孝的表现。"五者不遂，灾及于亲，敢不敬乎？"也就是说，上述这五项做得都不够好，那么，灾祸会殃及父母，也会辱没父母的名声，所以怎么敢不恭敬呢？从以上内容，我们就可以知道，一个真正的孝子，因为心中时时挂念着父母，一言一行、一举一动都非常小心谨慎，生怕辱没了父母的名声，那他又怎敢去贪污受贿、违法乱纪呢？比如，在一次重大的走私案中，相关的领导纷纷牵涉在案，只有一个官员没有因为帮忙走私而接受贿赂。检察人员询问其原因时，他回答道："自己的父亲是一位老师，他一生特别好面子。如果自己贪污受贿，一旦东窗事发，被关进监狱，父亲肯定会受不了，他会自杀。"正是因为考虑到不想让父母蒙羞，这位官员便不敢有违法乱纪的念想，所以他严于律己、廉洁不贪的精神品质，可谓是当今为政者之典范。

而祭祀祖先是中国孝文化的一种重要表现。祭祖的宗旨在于不忘本，所谓返本报始，是教导人们能够知恩报恩、饮水思源，而不是以功利的原则为人处世，待人接物。《论语·学而篇》云："慎终追远，民德归厚矣。"人们能够谨慎地办理亲人的丧事，并依时依礼地追奠亡故的先人，那么，民风自然而然就能归于淳厚。试想，一个人如果连他的祖先都念念不忘，能想着定时去祭祀，对于眼前的父母，哪有不照顾的道理呢？他不可能一面去祭祀祖先，一面又打爹骂娘，于情于理这都是讲不通的。所以，中国古人有祭祀祖先的传统，每到春秋祭祀的时候，把全家族的人聚集在一起，其中一个极为重要的环节就是宣讲祖先的德行和功绩，讲述自己家族在哪朝哪代出了哪一位有德行的人，他对国家有什么贡献、他有什么德行值得人们学习和仿效，并以此使得好的家道、家风代代相传。

就廉德的培养而言，在《后汉书》中记载着杨震不收"四知财"的故事。汉朝时候，杨震赴东莱去任太守，路过了昌邑县。而昌邑县的县令王密，恰好是他举荐出来做秀才的。王密知道对自己有知遇之恩的杨震路过此地，就想表示感恩。于是趁着夜色，带着黄金要呈献给杨震。杨震一看就叹了一口气，不开心地说道："身为老友的我了解您的为人，可惜您却不了解我呀。"王密以为杨震怕有人知道这件事，才不愿意接受的。于是他就赶紧说："恩公，这件事没有人知道，你就放心地接受了吧！"结果杨震回答说："这一件事，有天知、有神知、有你知、有我知，这叫'四知财'，怎么说没有人知道呢？"王密听了这番话，就很惭愧地走了。

杨震为人公正廉洁，不受人私下的谒见。他的子孙，也秉持了他的气节，常常吃着蔬菜，安步当车。许止净认为，杨震的儿子、孙子、曾孙，四世出了三公，都是仰赖杨震的四知来提醒自己。《后汉书》把这样的例子记录下来不是偶然随意的，而是要告诉人们，一个人廉洁有守，那么他的德行将庇荫后代子孙。而后代子孙为了纪念杨震这样廉洁的作风，就把杨家的堂号取名为"四知堂"。也就是说，凡是杨家的后代子孙，从这一块匾额之下走过的时候，都会想到自己的祖先不收"四知财"，因而作为其后代自己的一言一行、一举一动，都要小心谨慎，千万不能给祖先抹黑。像孔子的后人，祭祀祖先的时候，也会想到孔子是至圣先师、万世师表，受到世代国人的尊崇和膜拜，他的教诲都著录在《论语》《孔子家语》等典籍中，因此使自己的言行举动不违背夫子的教诲，这样才能真正传承圣人的精神……事实上，每一家的历代祖先之中，都有像杨震这样廉洁有守的人，长辈们在春秋祭祀的时候，把祖先的这些廉洁的、仁爱的、孝悌的故事以及人生经验、创业教训传给子孙，子辈们自然就能受到教育与激励。如是，中国的反腐倡廉教育，就可以在家庭之中开始了。

2. 德才兼备，培养廉洁人才

德才兼备作为从古至今对人才塑造的理想状态，涉及人才的培养、选拔、使用和管理的方方面面。将子女培养塑造为有德有才、廉洁自守、有益于社会的人，同样也是传统家庭教育的重要内容。

众所周知，品德教育在家庭教育中占有至关重要的位置。而所谓的品德，就是一个人的节操和持守。古人经常把品德和能力的关系比喻为树根和树枝、树叶的关系，品德是树根，学识是枝叶，相较于枝叶，树根的重要性已是不言而喻。由此来看，重视对人德行的培养，远胜于培养其能力和学识。正如北宋名臣司马光在《资治通鉴》中论及德才关系时写道："才者，德之资也；德者，才之帅也。"一个人博学多闻固然重要，但若没有一定的道德素养作为承载，就可能导致知识越多、能力越强，却对社会造成越大危害的结果。所以，在中国文化中重视德行的培养，就像一条红线一样贯穿始终。在家庭教育中把做人的教育、品行的教育放在首位，永远都不会错，这才叫"为儿女计深远"。

道德不是空洞的说教，而是依托于儒家经典，尤其在六经之中。在子孙的教育过程中，传统家庭教育不仅注重道德品质的培养，也同样重视对子女才智的开发，如在《论语》就提到孔子以四教：文、行、忠、信。家长通过传授文化知识、培养兴趣爱好等方式，促进子女全面发展。在这一过程中,廉洁文化的教育也被融入其中。家长通过讲述历史故事、分析历史人物等方式,引导子女认识廉洁品质的重要性,激发他们追求高尚品德和卓越才能的热情。同时,家长还注重培养子女的独立思考能力和批判性思维,使他们能够在复杂的社会环境中保持清醒的头脑和坚定的廉洁立场。例如,清末的曾国藩,在子女的教育上就展现出了深厚的家庭智慧与长远的眼光。他坚信"德才兼备"为教育之根本,既重视子女品德的锤炼,又注重其学识与能力的培养。曾国藩以身作则,通过自身刻苦钻研、孜孜不倦的行为,为子女树立了榜样。他注重培养子女的学识与能力,鼓励他们勤奋学习,勇于探索。在这样的家庭氛围熏陶下,曾国藩的子女们不仅品德高尚,而且才华横溢,多人在政界、学界等领域取得了卓越成就,同时均能保持清廉本色。

3. 家国情怀,强化廉洁责任

在"家国同构"的文化背景下,传统家庭教育强调培养子女的家国情怀。通过讲述国家历史、传承家族荣誉等方式,激发子女对国家和民族的认同感和归属感。这种情感上的共鸣使子女更加珍惜国家的繁荣稳定和民族的尊严荣誉,从而自觉地将个人的命运与国家的命运紧密相连。在廉洁文化的培育中,家国情怀的强化使子女更加明确自己在国家建设中的责任和使命,更加坚定地履行廉洁职责和义务。

正如明朝时期的海瑞,以其非凡的家国情怀和坚定的廉洁自律,成了后世传颂的楷模。他的一生,是对"清廉"二字的深刻诠释,更是对家国情怀的生动展现。在任上,海瑞始终坚守原则,拒收任何礼物,甚至在自己母亲做寿这样重要的日子里,也仅买了两斤肉以示庆祝。海瑞一生清廉自守,不畏强权,敢于直言进谏,即便面对皇权的压迫,也始终坚持正义与公平,用实际行动诠释了"为官一任,造福一方"的崇高理念。海瑞的故事,是对"家国情怀"最生动的注解,他心系百姓疾苦，将个人的命运与国家的兴衰紧密相连，展现出强烈的责任感和使命感。

而在当代，这样的廉洁精神同样薪火相传。无数党员干部以海瑞为镜，不断加强自身修养，严守纪律规矩，将廉洁奉公视为自己不可动摇的底线。他们深知，手中的权力是人民赋予的，必须用来为人民服务，而非谋取私利。这种对国家和人民深沉的爱，以及对廉洁责任的坚定守护，正是新时代"家国情怀"与"廉洁责任"的完美结合。通过这些例子，我们更加深刻地理解到，强化廉洁责任，不仅是对个人品德的锤炼，更是对家国情怀的深情诠释。

（三）家教实践模式与廉洁文化的传承

1. 言传身教：廉洁文化的生动实践

如前文所说，家庭教育是道德教育的开始。更确切地说，传统的家庭教育始从胎教，一直到生命终了之时。现今很多人还把夫人尊称为太太，而"太太"的称呼其实就是来自周朝三位女圣人。周文王的祖母叫太姜，他的母亲叫太任，他的夫人叫太姒，这三位都是很有德行的女圣人，她们生育培养了圣贤的儿孙。所以，现在人把圣母太姜太任太姒的第一个字"太"取来，尊称自己的夫人为"太太"，其用意即在期许她们都能效法"三太"的德行成为圣贤的母亲，这样我们的家庭、国家、社会就能培养出贤德的后代。早在周文王的母亲太任怀孕的时候，她就非常重视胎教，做到了"目不视恶色，耳不听淫声，口不出傲言"。那些邪恶、怪癖的景象不去看，淫词歌舞不去观听，口里讲的都是很温柔的话，连傲慢的言语都没有，更何况是粗鲁骂人的话呢？正因为文王的母亲是一位圣人，所以在她的教导培育下，文王才能是一位圣人。现在人们提到胎教，很多人都以为是西方科技发展的产物，实际上中国在几千年前,就已经很重视胎教了。孩子刚出生,眼睛一张开,虽然还不会说话,但并不意味着他不在学习。父母的一言一行、一举一动都是他学习效仿的榜样。

《说文解字》把"教"解释为"上所施,下所效"。道德教育的有效方式是身体力行的感化,而不是空洞的说教,因此特别强调"正人先正己""身教胜于言教"。在传统家庭教育中,家长往往通过自身的言行举止来影响和教育子女。他们以身作则、率先垂范,通过日常生活中的点滴小事向子女传递廉洁文化的精髓和要义。这种言传身教的方式具有极强的感染力和说服力,能够深入子女内心并产生持久的影响。如隋朝时期房玄龄之父房彦谦,18岁左右便先后在北齐、北周、隋朝担任地方官,虽然当时时局变幻无常,周围官员皆以应付了事,为官志在赚钱,但房彦谦却坚持清介自守,在生活上"务存素俭",大部分家资和俸禄多用于抚恤亲友,周济贫乏,家里没有多余的钱,即便经常身无分文,但他却怡然自得,始终不肯与世俗同流合污。房彦谦曾对他的儿子房玄龄教诲道:"他人均以做官而致富,唯独我却以为政而贫寒。我所要传给子孙后代的,就在于清清白白地做人而已。"别人家都是因为做官而富有,我却因为做了官,家里从此贫穷了。我所遗留下来给子孙们的,只有清白两个字啊。父亲的言传身教使房玄龄深受触动,在担任唐朝开国重臣后始终为官清正廉明、政绩卓越,任宰长达15年之久,为开创"贞观之治"作出重要贡献,于史书上留下了"清廉为官、千古名相"的美誉。

2. 家规家训:廉洁家风的培育承续

家规、家训是传统家庭教育的重要载体和制度保障,是家风建设的重要媒介。在家风建设中,中国古人以"修齐治平"的人生信念,将廉洁德性的培育视为家族兴旺发达之基,并巧妙地将其融入君子人格和家族底蕴之中。历史上，许多家族都制定了严格的家规、家训，作为进行家族内部道德教育的重要范本，例如，南朝颜延之的《庭诰》、南北朝颜之推的《颜氏家训》、北宋司马光的《家范》和清朝朱伯庐的《朱子家训》等。他们通过家规家训传承祖辈宝贵的人生经验和道德智慧，并在潜移默化中实现对家族成员行为举止和道德操守的改造。这些家规、家训中往往包含了廉洁自律、勤俭节约等方面的规定和要求，最终形成了以"勤俭""谨慎""和顺""诗书"为多样主题的家庭教育体系。基于传统的家规、家训文本的传承和执行，家族成员能够形成共同的价值观念和行为习惯，从而维护家族的声誉和荣誉，在教育子女方面发挥了重要作用。同时，这些家规、家训也为社会提供了可借鉴的廉洁文化范例和制度模式。

古代家训名篇之一的《训俭示康》，便是北宋名臣司马光结合切身经历与认识所作，把节俭作为教子成才的重要内容。其提出"有德者皆由俭来也"，有德君子都是由俭朴培养而来的。"夫俭则寡欲，君子寡欲则不役于物，可以直道而行。小人寡欲则能谨身节用、远罪丰家"，节俭了欲望就减轻了，有德君子懂得崇尚节俭、克制欲望，如此便不会轻易被物质利益驱使，而始终行走于正道之上；普通民众清心寡欲，就能谨守此身节制不必要的用度，从而远离罪恶并使得家庭富裕。反之，"侈则多欲，君子多欲则贪慕富贵，枉道速祸。小人多欲则多求妄用，败家丧身"。奢侈就会诱发无止境的欲望，有德君子欲望过多则容易贪图富贵，做出错误的价值判断与选择，从而招致灾祸；普通民众欲望过多，就会到处搜求随便花钱，以至于败亡家产、家破人亡。司马光这里也不是空谈节俭，平日生活里他本人也是这样做的，在《训俭示康》中首先就有对自己节俭生活的一段描述，并表示"众人皆以奢靡为荣，吾心独以俭素为美。人皆嗤吾固陋，吾不以为病"。在他的熏陶影响下，儿子司马康从小就懂得俭朴的重要性，并把家训作为镜子，不断地反省、鞭策自己。而三国时期的诸葛亮在《诫子书》中，也明确地把俭朴生活同个人的道德修养联系起来，他说："夫君子之行，静以修身，俭以养德，非淡泊无以明志，非宁静无以致远。"清朝石成金在《传家宝》中也说："俭则无贪淫之累，故能成其廉。"由此可见，在古之志士仁人这里，正是基于对"俭则寡欲"的认识，人们确信"俭以养德"，特别是有助于廉德的养成，正所谓"惟俭可以助廉"。另外，应当提到的是，倡导勤俭绝不仅限于财富的积累，还应当在欲望、言语、食物、思虑等方面严格要求自己，正如清朝王师晋在《资敬堂家训》中所言："俭于嗜欲，可以保元养神；俭于言语，可以息是非养精气；俭于饮食，可以养脾胃；俭于思虑，可以壹心静志；俭于交游，可以省酬应；俭于忿怒，可以免怨尤。"

综上可知，家庭担负着抚育后代的责任，中国古代的教育以家庭教育为开端，家国同构背景下的传统家庭教育是中华优秀廉洁文化的重要组成部分。好的家风，不仅能够塑造个体良好的道德人格，更能够传承和弘扬家庭的文化传统，让家族的精神得以延续和发扬。而所谓"天下之本在国，国之本在家。"（《孟子·离娄上》），"一家仁，一国兴仁。"（《礼记·大学》），故家风正则民风淳，民风淳则政风清，良好的家风对整个家庭和社会文明和谐氛围的形成与发展有着重要促进作用。在当代社会中，我们需要深入挖掘和弘扬传统美德中的廉洁元素和价值观念，注重家庭教育的质量和效果。同时，加强家校之间的合作与沟通，共同构建廉洁社会、培养廉洁人才。只有这样，我们才能为实现中华民族伟大复兴贡献自己的力量和智慧。

二、"设大学,立庠序":学校教育是廉洁教育的延续

中华传统文化源远流长,其中廉洁文化作为其核心组成部分,不仅承载了古代先贤的智慧与德性追求,更在历史长河中不断传承与发展。传统学校教育,作为文化传承的重要载体,自古以来便肩负着弘扬道德、培养人才的重任。

(一)传统学校教育的历史沿革

古代学校教育起源于先秦时期,随着儒家思想的兴起与传播,逐渐形成了较为完备的教育体系。从官学、乡校到私塾、书院的历史演变,从庙堂之学到乡野之学,古代学校教育的形式与内容不断丰富与发展,教育平等化的趋势不可阻挡。廉洁教育作为道德教育的重要内容,亦始终贯穿于学校教育的始终。

1. 全民施教

《群书治要·汉书二》中说:"古之王者,莫不以教化为大务。立大学以教于国,设庠序以化于邑。"古代的君王,无不把教化民众作为治国要务。他们在国都设立太学,在地方乡镇设立庠序,庠序是乡间的学校。这些学校"渐民以仁,摩民以义,节民以礼"(同上),旨在通过伦理道德教育,教导人孝悌忠信、礼义廉耻的道理,以实现立德树人的目的,这是中华传统文化的特色所在。

《周礼》中记载,"建邦之六典"中,教典位列第二,仅次于治典,在礼典、政典、刑典、事典之上,教典的作用是"以安邦国,以教官府,以扰万民",即安定诸侯,教导官员,驯化百姓。在《周礼》中还详细记载了掌管教育的各级官员以及教授的内容。例如,大司徒施行十二种教法:

第二章　建国君民 教学为先——教育制度使人不想腐

一曰以祀礼教敬，则民不苟；二曰以阳礼教让，则民不争；三曰以阴礼教亲，则民不怨；四曰以乐礼教和，则民不乖；五曰以仪辨等，则民不越；六曰以俗教安，则民不愉；七曰以刑教中，则民不虣；八曰以誓教恤，则民不怠；九曰以度教节，则民知足；十曰以世事教能，则民不失职；十有一曰以贤制爵，则民慎德；十有二曰以庸制禄，则民兴功。

《周礼》另有乡学的三种教法来教导百姓：

一曰六德：智，仁，圣，义，忠，和；二曰六行：孝，友，睦，姻，任，恤；三曰六艺：礼，乐，射，驭，书，数。掌管王室教育的官员"师氏"则：以美诏王（告王以善道）。以三德教国子，一曰至德，以为道本；二曰敏德，以为行本；三曰孝德，以知逆恶也。教三行，一曰孝行，以亲父母；二曰友行，以尊贤良；三曰顺行，以事师长。

大司徒作为掌管政教法令的高官，其颁布的"十二种教法"旨在通过多元化的教育手段，全面塑造民众的道德观念与社会行为。而"乡学三种教法"，作为基层教育的重要组成部分，则更加侧重于对庶民子弟进行基础知识和技能的传授。"大司徒十二种教法"与"乡学三种教法"共同构成了对民众进行道德教化与技能培养的重要框架，体现了在位者对礼治与德治的深刻理解与追求。由此可知，古时施行教化，无不是以德行教育为教化的主要内容，而且自天子至于庶人，无有遗漏，乃属全民施教，反映了古代中国对于人才培养与社会治理的深刻智慧。

2. 官私并举

传统学校教育主要包括官学和私学两种形式。官学由政府设立，具有较为严格的管理制度和教学规范，其教育目的往往与培养统治阶层的人才相关。私学则由民间学者或士绅创办，教学内容和方式更加灵活多样。

最初，国家办学的对象就是直接参与治国理政的官员及其家族成员。《群书治要·周礼》中记载了周朝培养国子的制度：

师氏掌以美诏王，以三德教国子。一曰至德，以为道本；二曰敏德，以为行本；三曰孝德，以知逆恶也。教三行，一曰孝行，以亲父母；二曰友行，以尊贤良；三曰顺行，以事师长。

当时，"国子"指的是公卿大夫的子弟。在周朝，子承父爵，国家可以提前确定后备官员的人选，这有助于提前对其进行统一培养。"师氏"的主要职责是教给国子"为政以德"的理念和方法。"三德"是对内在品格的塑造，"三行"对外在行为的规范。而无论是"三德"还是"三行"，都属于五伦之道的范畴。从"一曰至德，以为道本"，可知中国古代治国以"道"和"德"为根本原则，而"道""德"必由圣贤所传。除了德行，国子们还要向"保氏"学习"六艺""六仪"等处理公务所需的能力和礼仪。

国子所学，以德为本，以艺为用，"亲亲而仁民，仁民而爱物"。国子所习，正是圣贤所传之学。以圣贤为师，即是"尊师重道"。周朝以后，国子教育制度以各种不同的形式传承下来，如始于西周的"太学"、始于隋代的"国子监"等。

除培养后备官员制度外，中国古代的帝王还特别重视经筵制度。"经筵"肇始于汉代，是帝王为讲经论史而设的御前讲席。《群书治要·后汉书》载，经过西汉末年的战乱，举国元气大伤，汉光武帝在施政理念上重视文德，勤于政事，"每旦视朝，日晏乃罢，数引公卿郎讲经论治，夜分乃寐"，尤其重视经典在指导政事方面的切实作用。

汉光武帝之子汉明帝更是尊师重教的典范。据《资治通鉴·汉纪三十六》记载，"上自为太子，受《尚书》于桓荣，及即帝位，犹尊荣以师礼。尝幸太常府，令荣坐东面，设几杖，会百官及荣门生数百人，上亲自执业。诸生或避位发难，上谦曰：太师在是。既罢，奚以太官供具赐太常家。"在中国古代，帝王一般以面南背北的君臣之礼与群臣相见，而汉明帝特尊其师，和老师以东西向的师生之礼相见，被奉为佳话。不仅如此，他还率百官听受老师讲学，并亲自主持仪式，自谦而不显其能。汉明帝尊师之举，可谓尽善尽美。

经筵制度从汉朝开始，到唐、宋、元、明、清皆有不同程度的沿袭。观唐太宗之所以能在隋末战乱后短期内迅速恢复国力，使天下太平、四方来服，开创久负盛名的"贞观之治"，这与他自身重视并带领皇室成员、文武百官学习《群书治要》密不可分；而"康乾盛世"的缔造，同样也与康熙、雍正、乾隆三代皇帝特重经筵，以及对儒释道三家文化有相当深入的学习和实践相关。

治国之道，除君主和官员要接受圣贤教育外，作为国储的太子同样是教育的重要对象。历史证明，能否为太子选择良师益友，直接关系着朝代的兴衰存亡。比如，在《汉书》中就记载着古代对太子的教育，"昔者成王，幼在襁褓之中。召公为太保，周公为太傅，太公为太师"，从前周成王还是一个幼儿的时候，周武王就请召公做太保，请周公做太傅，请姜太公做太师。何谓太保、太傅、太师？书中解释说："保，保其身体。傅，傅之德义。师，导之教训。此三公职也。"所谓的太保，是保养太子的身体，要为他讲解养生之道，按照自然节律饮食起居，保持身心和谐。当然，也包括教导其行立坐卧，中规中矩，威仪具足。太傅的责任是给太子以伦理道德的教育,从而培养他良好的道德品质。太师的责任是以圣贤教诲引导启发太子,以上便是三公的职责。也就是说,要请全国最有德行、最有学问的人当太子的老师,所以他从小接受的就是最好的教育。

做到这些仍还不够,"于是为置三少,少保、少傅、少师",三者的职责"是与太子宴者也",即日常生活起居都和太子在一起。"三少"负责把太保、太傅、太师所教导的德行,于日常生活中表演出来,让太子随时都可以看到,潜移默化中能受到影响。"故乃孩提有识,三公三少,明孝仁礼义,以导习之,逐去邪人,不使见恶行。"所以,在太子年幼懂事的时候,三公、三少就开始教导他孝悌忠信、礼义廉耻、仁爱和平的道理,引导他在生活中切实力行,并且为了使太子不受染着,那些邪曲不正、奸邪之人也会被驱逐。"于是皆选天下之端士,孝悌博闻有道术者,以卫翼之,使与太子居处出入。"因此,选出天下品行端正的君子,以及孝顺友悌、见闻广博、有道德学问的人来帮助保护他,让他们陪伴太子朝夕相处、同出同入。实际上,少师、少傅、少保和太子一起成长,从小都是受圣贤教诲,志同道合,这同样也为培养下一代领导班子奠定了基础。"故太子乃生而见正事,闻正言,行正道,左右前后皆正人。"所以,太子一生下来,所见的都是正事,所听的是正言,所行的是正道,前后左右侍奉、教导他的人也都是正人君子。这样就可以得出一个结论:"夫习与正人居之,不能无正。犹生长楚之乡,不能不楚言也。"太子出生后,开始接受正面的引导教育,因与其朝夕相处的人皆是品德端正之士,太子自然就能涵养出仁义美德和治国韬略。"天下之命,悬于太子",太子作为未来之君,代表着国家的未来。因此,"三代之所以长久者,以其辅翼太子有此具也。"而太子教育的关键,"在于早谕教,与选左右"。"早谕教"是因为"心未滥而先谕教，则化易成也"，"选左右"则是因为"教得而左右正，则太子正矣。太子正，而天下定矣"。

私学伴随着官学应运而生。作为中国传统教育的重要形式，可追溯至春秋战国时期。当时，随着诸侯国的兴起和商业经济的发展，私学开始兴起，私塾作为私学的一种，逐渐承担起传授知识与道德教化的双重任务。孔子作为儒家学派的创始人，其倡导的"有教无类"的教育理念，打破了贵族对教育的垄断，使得更多平民子弟有机会接受儒家道德思想的熏陶，使民间讲学风气风行于天下。在这一时期，私塾的道德教化内容主要围绕儒家经典展开，如《论语》《孟子》等，强调孝悌忠信、礼义廉耻等道德观念的培养。

到了汉代，随着儒家思想被确立为正统思想，私塾的道德教化功能得到了进一步的强化和发展。汉代的私塾教育不仅注重知识的传授，更重视学生的品德修养和道德实践。教师通常是一些文化知识丰富且道德高尚的士人，他们以身作则，通过言传身教的方式，引导学生树立正确的价值观和道德观。此外，汉代的私塾还形成了较为完善的教育体系，包括启蒙教育、经书教育、诗词教育等多个阶段，每个阶段都强调道德教化的重要性。在这一时期，私塾的道德教化功能得到了广泛的传播和认可，成为中国古代教育的重要组成部分。

唐宋时期，私塾的规模和数量都有了显著的增长，其道德教化功能也得到了进一步的丰富和拓展。随着科举制度的兴起和完善，私塾成了士人阶层培养和选拔人才的重要场所。在私塾中，学生不仅要学习儒家经典和诗词歌赋等文化知识，还要接受严格的道德训练和品行考核。这种教育模式不仅培养了大量优秀的官员和学者，也为中国古代社会的稳定和繁荣做出了重要贡献。宋代同时是书院发展的黄金时期，书院不仅数量大增，而且道德教化功能得到了进一步强化。朱子等理学家在书院中讲学,将儒家思想尤其是理学思想作为书院教育的核心内容,强调道德修养和人格完善的重要性。书院通过严格的学规、祭祀先贤等仪式活动,以及教师的言传身教,将道德教育渗透到教学活动的各个环节。例如,岳麓书院、白鹿洞书院等著名书院,都制定了详细的学规和教条,明确规定了学生的道德标准和行为规范。同时,书院还定期举行祭祀活动,以先圣先贤的道德人品为楷模,陶冶学生的品德,树立德育规范。

古代学校教育,无论是官学还是私学,虽以授业为重,但均将道德教育置于首位。教育内容不仅限于经史子集等经典文献,更包含了对学生品德修养的严格要求。学校通过制定严格的规章制度、开展礼仪教育、举行祭祀活动等方式,培养学生的道德观念和行为习惯。在这种教育模式下,廉洁品质作为学生必备的道德素养之一,得到了广泛的重视和传承。

(二)家校一体化下的廉洁教育

在古代,虽然"家校一体化"这一现代概念并未明确提出,但家庭与学校在教育教学上的紧密合作与相互影响,实则构成了一种朴素而有效的家校共育模式。这种模式下,廉洁教育得以在家庭与学校的共同作用下,深入人心,成为古代社会不可或缺的道德基石。

1. 尊师传统与道德内化

在家校一体的教育教学模式中,古人对家族子弟的教育自然有赖尊师。《礼记·学记》云:"凡学之道,严师为难。师严然后道尊,道尊然后民知敬学。"具体来看,学校所授内容,虽有文献可参考,但讲课的形式往往极具教师本人的思想特色。教师在传统学校教育中不仅传授知识,更注重品德的培养。他们以身作则,以自身的廉洁行为为学生树立榜样,因而备受家长敬重。一般来说,家族在聘请先生时,礼节会十分隆重：由组长代表族人，向先生行三跪九叩首的大礼。这不仅表示了对"师"的尊重，对"道"的尊崇，更承载着历代先祖对子孙后代的殷切期盼。因为家族的希望在晚辈，而晚辈的前途在求学。古人有联语曰："忠孝传家久，诗书继世长。"如果没有老师，则家族之兴盛无望。族长行大礼时，族人会在旁观礼，族长以此身教示族中子弟，则子弟在求学之时自然会对老师毕恭毕敬。如果有新生入学，则是由新生家长带着孩子向孔子牌位和老师分别行大礼，老生在旁观礼。于老师而言，除了要教导孩子基本的知识技能外，更为首要的是要教导其孝敬父母。所以，父母教孩子尊敬老师，老师教孩子孝敬父母，父母和老师相互配合，孩子就很容易受教。现在很多人不明白这个道理，孩子在学校被老师批评，稍微说得重一点，孩子回家就告诉父母。他的父母又不懂教育，就去找校长告状，校长又去找老师，最后的结果是，即使这个孩子有了错，老师也不敢给他指正，他怎么会不一错再错呢？

在古代，不仅仅是老师可以教导孩子，凡是和孩子父母平辈的这些长辈，看到孩子做错事，都可以给他指正。而他的父母则会带着礼物去感谢人家、感恩戴德。现在的父母对别人指正自己孩子的错误是什么态度呢？生活中人们经常可以看到，一些孩子和父母一起出去吃饭，饭桌上坐着孩子的父母，姑姑、阿姨、叔叔、舅舅等，结果这个孩子就乱转桌上的圆盘，自己喜欢吃什么先夹到自己碗里，舅舅看到了就说："孩子，不可以把桌子上的圆盘乱转，别人都吃不到菜了。"结果舅舅的话一出口，孩子父母的内心就会五味杂陈、很不情愿。在《大学》上有一句话说，"人莫知其子之恶"，因为父母太喜爱自己的孩子，经常和孩子相处在一起，他有一些明显的错误都看不到，结果别人看到了帮他指正过来，他不但不感恩，反而对人家很不满意。所以，现在的人都学乖了，看到无礼至极的孩子，非但不愿教导指正，反倒称赞其天真活泼，如此就使得孩子分不清好坏是非了。

在古礼中，对老师的尊重还有一些表现。比如，在《礼记·曲礼上》记有："男子二十冠而字。"意思是，男子二十岁行加冠礼，即成人礼，表成年，亲长会赠送其一个"字"。自此以后，亲友都要称其"字"，以示尊重。即便是入朝为官，面见天子，天子也要称其字而不称名。如果称其名，就是对其人的大不敬。而可以一生称其名的只有两种人：一是生养自己身命的父母，二是长养自己慧命的老师。可见，古人对老师的尊重等同于父母。又如，中国古代的皇帝非常尊重老师，一般接见群臣的时候都是面南背北，以君臣之礼来接见，但是在接见老师的时候，就不能以君臣之礼了，必须降阶以主宾之礼来接见。一个站在东面，一个站在西面。这就提醒皇帝，虽然自己贵为天子、富有四海，是一国之君，但是老师永远是老师。做皇帝的都能尊师重道，所以上行而下效，整个社会才兴起尊师重教的风气。再有，在丧礼方面，父母过世，子女要守丧三年，要穿孝服。老师过世，学生要守"心丧"三年。虽然不用穿孝服，但是要在内心表达对老师的感恩之心，常常回忆老师的教诲，不敢忘老师的恩德。孔子过世时，弟子们守丧三年，子贡守丧六年，这都是师生之间深厚情谊的表现。由此可见，中国古代对老师的尊重，都是通过具体的礼仪来表现的。

2. 经典教学与廉德修养

学生从家庭走向学校，学校也往往会注重通过经典教学，培养人的廉洁操守，从而达到涵养自身、入仕清廉的效果。古代的经典不是按现代的哲学、经济学、政治学等学科进行分类的，而是以经、史、子、集分类。经、史、子、集中的内容讲道谈德，能起到以文化人的道德教化作用。

比如，"经"为常道。"经者，常也"，"经"记载的是恒常不变的道理。例如，《论语》中孔子强调"君子喻于义，小人喻于利"，教导学生要重义轻利。《孟子》中的"富贵不能淫，贫贱不能移，威武不能屈"，鼓励人们坚守道德底线，不为外在的富贵权势所动摇。《周易·贲卦·象传》上讲："观乎天文，以察时变。观乎人文，以化成天下。"古代圣贤通过观察天地自然运行规律，来认知时节的变化；通过观察社会人伦关系的规律，以此来教化天下的百姓，让人们知道"孝悌忠信、礼义廉耻"的道理。《尚书·汤诰篇》中亦载："天道福善祸淫。""淫"就是指对一切事情的过分、放纵，当然也有"骄满"的意思。天道自然的规律都是给善良的人带来福报，而给过分的人带来灾祸。这就说明，凡事做得过分了，都会导向危险的境地。此外，古人也观察到社会关系保持和谐所必须遵守的原则和规律，即孟子概括的"五伦"大道，"父子有亲，君臣有义，夫妇有别，长幼有序，朋友有信"。当然，古代先贤的经典教学，不是为后世中举人、进士设置的，而是教人明白义理千万世做好人，乃至成圣成贤。诚如，明末清初时期的朱伯庐先生在《劝言》中所说的："先儒谓今人不会读书，如读《论语》，未读时是此等人，读了后只是此等人，便是不曾读。此教人读书，识义理之道也。要知圣贤之书，不失为后世中举人、进士而设，是教千万世做好人，直至于大圣大贤。"

"史"明规律。历史是一面镜子，记载着国家兴衰的规律。历史上凡是有成就的领导者，都能够以古鉴今，汲取历史的经验教训，古为今用。唐太宗树立了一个"多志前言往行，以畜其德"的榜样。譬如，他经常引用公仪休拒鱼等历史故事，告诫臣子要戒除贪心，提醒"为主贪，必丧其国；为臣贪，必丧其身"；大臣们拿着自己的官位不珍惜，去贪污受贿、以权谋私，就如同拿着明珠去射鸟雀。明珠价值连城，但是他不珍惜，反而用它射麻雀，分不清孰轻孰重，得不偿失。他还用

"君者，舟也；民者，水也"的比喻，来提醒自己并教诫太子。通过读《群书治要》，他知道了社会风俗教化的根本，也明白了治理国家应该从君主自身的修身开始入手。因而，在短短的时间就达到了国泰民安、万国来朝的结果。踏上新征程，习近平总书记也尤为重视历史，认为一个民族的历史是一个民族安身立命的基础，并多次讲话强调领导干部要多读历史，"历史是最好的教科书，也是最好的清醒剂"。他指出，学史不仅能够明理，按照规律办事，而且可以崇德，提升道德修养。他说："在中国的史籍书林之中，蕴涵着十分丰富的治国理政的历史经验。其中包含着许多涉及对国家、社会、民族及个人的成与败、兴与衰、安与危、正与邪、荣与辱、义与利、廉与贪等等方面的经验与教训。……我们学习历史，就要学习和吸取中华民族传承下来的宝贵思想财富，从中获得精神鼓舞，升华思想境界，陶冶道德情操，完善优良品格，培养浩然正气，做到自重、自省、自警、自励。"约略言之，"能看见多远的过去，才能看清多远的未来"，学史可以看成败鉴得失知兴替，可以站在巨人的肩膀上看世界。

"子"即诸子百家，其言论中同样蕴含着诸多清廉养身的智慧，能给人以有益启迪。《群书治要·曾子》记载，曾子在临终之际教诲弟子们要禁得住诱惑，不要贪图小利小惠。他说："鹰隼以山为卑，而巢其上；鱼鳖鼋鼍以渊为浅，而窟穴其中，卒其所以得者，饵也。"鹰隼、鱼鳖之类，居于高山之上、水底之下，不可谓不高、不深，然而只因贪图诱饵，最终难逃为人捕获的命运。曾子试图通过这样的比喻告诫弟子们，君子如果"无以利害义"，人生哪里会招致耻辱与灾难。于为政者而言，当今社会，物欲横流，生活中少不了形形色色的诱惑，但要想做个好官，为官一任，造福一方，就需要有自觉克制各种不良诱惑的智慧与能力。《说苑·立节》中记载着一则曾子"不贪虚利，不受赠邑"的故事。"曾子衣弊衣以耕,鲁君使人往致邑焉,曰:'请以此修衣。'曾子不受。反复往,又不受。使者曰:'先生非求于人,人则羡之,奚为不受?'曾子曰:'臣闻之,受人者畏人,予人者骄人。纵子有赐不我骄也,我能勿畏乎?'终不受。孔子闻之曰:'参之言足以全其节也。'"意思是说,曾子穿着破旧的衣服在地里劳作,鲁国国君派人去赠送给他采邑,对他说:"请用采邑的收入置办衣服。"曾子不接受,再次前往,还是不接受。使者便说:"不是先生您向人祈求的,而是人家奉送给你的,为什么不接受?"曾子回答说:"我听说,接受别人赠送的人往往害怕赠送的人,赠送的人往往会对接受的人表现出骄纵,即使国君赠送我采邑而不对我骄纵,我岂能不害怕?"曾子最终并没有接受采邑,孔子听说这件事后说:"曾参此番言论,完全可以保全他的节操了。"为了保持自身人格的高洁,曾子选择了清贫的生活,而美名于竹帛,流芳千古,为后人做出了清廉的榜样。由此可见,人格操守最为可贵,这是古人的价值取向。

"集"即文集,作为古代文人思想精华的汇聚之地,同时深刻蕴含着清廉淡泊的思想本色。在古人的观念中,清廉是修身、齐家、治国、平天下的基石。《大学》有云:"自天子以至于庶人,壹是皆以修身为本。"而修身之要,首在清廉。文集中不乏以清廉为主题的诗篇与论述,如唐代诗人白居易在《养竹记》中写道:"竹似贤,何哉?竹本固,固以树德,君子见其本,则思善建不拔者。竹性直,直以立身。君子见其性,则思中立不倚者;竹心空,空以体道。君子见其心,则思应用虚受者;竹节贞,贞以立志。君子见其节,则思砥砺名行。"白居易以竹喻人,强调了清廉正直对于个人品德修养的重要性,认为只有具备清廉品质的人,才能成为社会的栋梁。在古代政治文化中,清廉是为官者必备的美德。文集中记录了许多清廉官员的事迹,如宋代包拯铁面无私、刚正不阿,被后人誉为"包青天";明代海瑞一生清廉,敢于直言进谏,成为清廉官员的典范。这些人物的故事不仅是对清廉品质的颂扬,更是对后世官员的鞭策与激励。清廉不仅是一种外在的行为规范,更是一种内在的精神追求。文集中不乏表达淡泊名利、追求心灵宁静的佳作。如陶渊明在《归去来兮辞》中写道:"归去来兮,田园将芜胡不归?既自以心为形役,奚惆怅而独悲?悟已往之不谏,知来者之可追。实迷途其未远,觉今是而昨非。"陶渊明以归隐田园的方式,表达了对名利场的厌倦与对清廉生活的向往。这种淡泊名利、追求心灵自由的生活态度,正是清廉思想在个体生活中的体现。在现代社会,我们依然可以从这些文集中汲取清廉的力量与智慧,用以指导我们的行为举止与价值观念。通过弘扬清廉文化,我们可以促进社会的公平正义与和谐稳定;通过培养清廉品质,我们可以提升自身的道德修养与人格魅力。

可见经典中所载的是恒常不变的道理,是经过历史检验、大浪淘沙的结果。深入讲解、学习经典,即是在学习"道",学习因果的事实,有助于培养提高国民的思想道德素质,增强民众辨别是非善恶的能力,从而易于在思想源头上筑牢拒腐防变思想防线。因此,在古代的学校教育中,重视圣贤经典讲授是一项不可或缺的重要内容。比如,《群书治要》作为一部"用之当今,足以鉴览前古;传之来叶,可以贻厥孙谋"的治世宝典,是由魏徵等社稷股肱之臣编纂而成的,内容汇集了五帝至晋朝的经、史、子部典籍之中有关帝王理政兴衰成败的智慧经验,成书于贞观五年(631)。唐太宗对此手不释卷,感慨"览所撰书,博而且要,见所未见,闻所未闻。使朕致治稽古,临事不惑,其为劳也,不亦大哉"。唐太宗以书为镜,以魏徵为镜,见善则行之,见不善则去之,从谏如流,励精图治,率先垂范,厉行勤俭,因此贞观之时,官员一心为公,吏佐各守本分,贪污渎职现象降到了当时历史的最低点。

综上，传统学校教育通过系统的教育内容、多样的教育方式以及深远的影响，为廉洁文化的传承与发展作出了重要贡献。当前，我国全面建设社会主义现代化强国的新征程已经开启。在新的历史阶段，要坚定不移将党风廉政建设和反腐败斗争进行到底，更应深入挖掘和传承传统学校教育中蕴含的廉洁文化精髓，结合当代社会的特点和需求，创新廉洁教育的方式和方法，为构建和谐社会和实现中华民族伟大复兴的中国梦贡献力量。同时我们也应认识到廉洁教育是一项长期而艰巨的任务，需要家庭、学校以及社会各界的共同努力和共同参与才能取得更加显著的成效。

三、"化民成俗，寓教于美"：社会教育是廉洁教育的扩展

作为家庭教育与学校教育的延伸与补充，社会教育涵盖着文学艺术、宗教信仰、舆论与法律制度等多方面内容。这些内容都秉持着孔子"思无邪"的理念，即不要引起人们邪曲不正的思想、行为和念头，而是要引导人们崇尚正知正见，保持廉洁自律，树立浩然正气。

（一）文艺作品蕴涵的廉洁元素

中国古代的文艺无一不是教育。《诗经》是中国最悠久的一部诗歌总集，辑录了从西周初期到春秋中叶的诗歌三百余篇，题材内容极为丰富，既有"桑者闲闲兮，行与子还兮"的田园之乐，也有"山有扶苏，隰有荷华"的山水之美；既有"采采芣苢，薄言采之"的劳动生活，也有"执子之手，与子偕老"的美好爱情。除此之外，《诗经》中还有多首诗篇蕴含着丰富的廉洁思想内容。比如，《陈风·衡门》中载："衡门之下，可以栖迟。泌之洋洋，可以乐饥。岂其食鱼，必河之鲂？

岂其取妻,必齐之姜?岂其食鱼,必河之鲤?岂其取妻,必宋之子?"柴屋虽简陋,可以栖身。泌水清澈,可以用来充饥。难道我们吃鱼一定要吃鲂鱼或鲤鱼?娶妻一定要娶齐姜或宋子这样的贵族女子?这首诗以简洁明快的口吻,表达了清贫度日、从容平淡的心态。所谓无欲则刚,此处表达了戒除贪欲以养心志,以追求圣贤之道为乐的人生观。有学者认为这首诗赞美的是卫国最高统治者武公,武公到了九十多岁,依然谨慎自警、廉洁从政,愿意接受规谏和监督。《诗经·魏风·硕鼠》则用又肥又大、毫无怜悯之心的大老鼠,比喻古代社会中那些横征暴敛、恣意妄为的贪婪官吏。"硕鼠硕鼠,无食我黍……无食我麦……无食我苗",这里则表达了劳动者对四体不勤、五谷不分、贪得无厌剥削者的憎恶。自此,"硕鼠"便成为不守纲纪、恣意妄为的贪官污吏的代称,一直沿用至今。从先民"硕鼠硕鼠,无食我黍"的呐喊,到"官仓老鼠大如斗"的怒斥,再到"粮仓硕鼠"成为反腐热词,"官仓鼠"的危害有目共睹,人们对"官仓鼠"的痛恨古今如一。这就警示为政者要坚定信念,牢记为民服务的初心,强化自我约束,严守底线,自觉抵制各种诱惑,否则终究会自食恶果。要而言之,《诗经》作为五经之首,具有"经夫妇,成孝敬,厚人伦,美教化,移风俗"诗教作用,深入挖掘其中的廉政思想,汲取其中反腐倡廉的经验,对新时代筑牢防腐拒变思想堤坝有着重要启迪。

诗歌如此,音乐也是如此。中国传统文化也被称为"礼乐文化",说明乐教在国家治理中同样发挥着重要作用。关于古圣先王制礼作乐的目的,《群书治要·礼记》中阐述到:"是故先王之制礼乐,非以极口腹耳目之欲,将以教民平好恶,而反人道之正。"古人制礼作乐,并不是要满足人们口腹耳目的欲望,而是要教导人们培养自己正确的好恶之心,从而返回到做人的正道上来。需要特别注意的是,音乐不是娱乐至

第二章 建国君民 教学为先——教育制度使人不想腐

上,也不是为了欣赏,而是涵养性情,进而回归做人所必需的仁义礼智信。柏拉图在《理想国》中,借着苏格拉底的口特别强调:"音乐教育之所以比其他的教育重要得多,是因为节奏与乐调有着最强烈的力量,能够浸入心灵的最深处。"一个孩童从小就受好的音乐教育,那么节奏与和谐,在他的心灵深处就牢牢地生根,他就会变得文质彬彬;如果受坏的音乐教育,结果就恰恰相反。一个受过适当教育的儿童,无论是对于人工作品,还是自然物的缺点都极为敏感,因而对丑恶的东西非常反感,就像厌恶难闻的气味一样,不加自主地加以谴责;而对于优美的东西,就会非常赞赏,感受到鼓舞,并从中吸取营养,使自己的心灵成长得既美又善。基于美丑培养出正确的好恶,虽然尚年幼,还仅仅知其然而不知其所以然,但是一旦长大,理智觉醒,就会有似曾相识之感。

那么,到底应该推行什么样的音乐呢?《吕氏春秋》上著录的一段话能给人以指引。首先这段话阐述了乱世之乐的特点:"乱世之乐,为木革之声,则若雷;为金石之声,则若霆;为丝竹歌舞之声,则若噪。以此骇心气,动耳目,摇荡生则可矣,以此为乐,则不乐。"乱世的音乐,如果是演奏木质和革质的乐器,它发出的声音就像雷霆震怒;如果是在演奏石质、铜质的乐器,它发出的声音就像霹雳;如果演奏丝竹之类的乐器,声音就像大嚷大叫,用这种音乐来惊骇人的心气,动荡人的耳目,摇动人的性情,可以办得到,但以此作为音乐来演奏,绝对不可能给人带来快乐。"故乐愈侈,而民愈郁,国愈乱,主愈卑,则亦失乐之情矣。"所以,音乐越是邪侈,人民就会越抑郁,国家就越混乱,君主的地位也会越卑微而不受人尊重,这也就失去了音乐本来的意义。柏拉图也特别强调,音乐的节奏要务求简洁、凝练,因为音乐刺激感官与情绪最剧烈,无论对于艺人还是观众,都应该格外讲求情感与理性的平衡,寻求一个恰如其分的节度,不能流于狂妄。柏拉图谈到对城邦护卫者的音乐教育时指出，过度的快感会扰乱心智，容易与骄纵淫荡兼容。艺术表现的动人，一定是从心灵的纯洁而来。倘若庸俗、漫无法纪的歌星，弥漫于艺人的队伍之中，他们如醉如痴听从毫无节制的狂欢支配，还狂妄无知地说，音乐中没有真理，是好是坏，只能任凭听者的快感来判定。他们创造出一些淫靡的作品，又加之一些淫靡的歌词，就会在群众中养成无法无天、胆大妄为的习气，使听众自认为有能力去评判音乐和歌曲的好坏。而一旦对音乐普遍的妄想风行，自由就接踵而来，人们都自以为知道其实他们并不知道的东西，就不再有任何恐惧。恐惧就是敬畏，随着恐惧的消失，无耻也就会随之而来。柏拉图的这段言语告诫人们，音乐教育对于心灵的呵护至关重要。如果听音乐而使耳朵震动，观美物而使眼睛眩惑，祸患没有比这更大的了。孔子到一个地方，他事先并没有问当地的政治办得如何，而是通过观察了解民众喜欢的歌曲，就能知道这个地方的民风如何了。

除了音乐之外，中国古代的雕塑、建筑，也在潜移默化中起到了"思无邪"的教化作用。在中国古代起着重要教育作用的建筑物有三种，第一种是祠堂，它教导人孝道。在"文化大革命"之前，中国几乎家家户户都有祠堂。诸如，人们经常可以看到有李氏宗祠、张氏宗祠，这些祠堂都是在教人孝道，教导人知恩报恩、饮水思源。第二种是孔庙，教导人们尊师重道。中国人祭祀孔子的习俗由来已久，其意义在于，一方面教导人们要见贤思齐；另一方面，也是为了纪念老师，不能忘本。第三种是道家的城隍庙，城隍庙里供奉的是十殿阎罗，告诉人们如果偷盗，以后会受到怎样的惩罚；邪淫、偷税漏税，将来会有什么样的结果……这里都以塑像或图画的形式很具体地呈现出来，孩子看到之后就会受到深刻的教育，这种从小根深蒂固的观念，让人一生不敢作恶。所以，有人说，一个地方如果有一座城隍庙，这座城隍庙的功能抵得上十万个警察。这说明,伦理道德教育如果能够深入人心,社会风气将会极大地好转。

戏曲作为中国传统艺术,不仅是娱乐大众的工具,它更是道德教育的重要载体。诚如,明代戏曲家汤显祖在论述戏曲的目的时说,戏曲"可以合君臣之节,可以浃父子之恩,可以增长幼之睦,可以动夫妇之欢,可以发宾友之仪,可以释怨毒之结,可以已愁愦之疾,可以浑庸鄙之好。然则斯道也,孝子以事其亲,敬长而娱死;仁人以此奉其尊,享帝而事鬼。老者以此终,少者以此长。外户可以不闭,嗜欲可以少营。人有此声,家有此道,疫病不作,天下和平。岂非以人情之大窦,为名教之至乐也哉?"戏曲可以调和改善父子、夫妇、君臣、长幼、朋友之间的伦理关系,可以化解恩怨,疏通情感,减少人们的欲望,维护人们的健康,使人身心愉悦。戏曲以其"入人也深、化人也速"的艺术魅力反映社会生活、参与社会发展、服务社会大众,其教化功能如风行草偃,对推动廉洁文化建设具有特殊效能。

中国传统戏曲经典剧目中同样蕴含着丰富的廉洁文化资源,以《白蛇传·祭塔》一折为例,白素贞见到前来拜祭自己的儿子,悲喜交加,难舍难分,当儿子说要为她报仇时,其表示自己已经参透人间恩怨,不过是过眼云烟,也不想再过问尘世之事,只是希望儿子洁身自爱,切勿奢求。此外,她还语重心长地教导儿子:"儿要做栋梁材精忠报国,为百姓竭心民忧亦忧,忌懈怠戒空言崇实尚俭,明是非秉公正嫉恶如仇,重操守勿贪婪处污不染,淡名利居官清不羡封侯,世道险风雨骤,磨难多人情薄,儿要坚强慎处,做一个富贵不淫、贫贱不移、威武不屈、坦坦荡荡、清清白白、堂堂正正好男儿,这是娘的一片心,你要牢牢记心头。"这段唱词,寄托着慈母对儿子的真心关爱和深切期望。另外,豫剧经典剧目《七品芝麻官》中,"当官不与民做主,不如回家卖红薯"

的唱腔，通过小故事阐述大道理，生动形象地揭示出对领导干部站稳人民立场、务实担当作为的期盼。秦腔《关西夫子》中的"四知先生"杨震，为官正直、为民谋福、公正清廉、不忘清白本色。通过唱、念、做、打的艺术手段，综合呈现舞台形象，塑造出栩栩如生的人物个性，褒贬世风、惩恶扬善，给观众以身心享受的同时启人心智，使受众于潜移默化中明辨是非、善恶、美丑，增强不想腐的自觉。戏曲艺术通过舞台表演，将廉洁的主题直观地呈现给观众，让人们在情感上产生共鸣，从而增强了对廉洁的认同感和追求。

古代中国，小说作为一种民间文学形式，自魏晋南北朝时期萌芽，至明清时期达到鼎盛。这一时期，随着商品经济的发展、市民阶层的壮大以及印刷术的普及，小说创作空前繁荣，不仅数量众多，而且题材广泛、内容丰富。在这些小说中，廉洁主题作为反映社会道德风貌的重要方面，得到了广泛的体现和深入的挖掘。廉洁主题的兴起，一方面源于古代社会对官员清廉品行的普遍追求和崇尚；另一方面，也反映了民众对于社会公正、公平的渴望与期盼。通过小说这一载体，作者们将廉洁理念融入故事情节和人物形象之中，以生动、形象的方式向读者传递廉洁价值观，从而在潜移默化中影响读者的思想观念和行为方式。如《水浒传》中的宋江，他虽出身草莽，但心怀正义，拒绝与贪官污吏同流合污，最终带领梁山好汉走上反抗腐败、追求正义的道路。又如《儒林外史》中的虞育德，他一生清廉自守，不慕名利，以学问和品德赢得了世人的尊敬。这些正面典型的树立，不仅为读者提供了学习的榜样，也激发了读者对廉洁品质的向往和追求。

与正面典型相对应的是，古代小说中也不乏对贪腐官员的深刻揭露和无情批判。这些官员往往因为贪婪无度、徇私枉法而最终落得身败名裂、遗臭万年的下场。如《红楼梦》中的贾雨村，他初入仕途时还算清廉，但随着权势的增长，逐渐变得贪婪无耻，最终成为封建官僚制度的牺牲品。又如《官场现形记》中的一系列贪官污吏形象，他们为了个人利益不惜损害国家和人民的利益，最终难逃法律的制裁和道德的谴责。这些反面教材的警示作用，使读者在感叹世态炎凉的同时，也更加坚定了廉洁从政的信念。古代小说中的廉洁教育不仅提升了民众的廉洁意识，还对整个社会的道德风尚产生了深远的影响。在廉洁文化的熏陶下，社会逐渐形成了一种崇尚廉洁、鄙视贪腐的良好风气。这种风气，不仅体现在官员的行为举止上，更体现在社会的方方面面，如商业交易中的诚实守信、人际交往中的真诚相待等。这些良好的道德风尚为社会的和谐稳定提供了有力的保障。

作为中华优秀传统文化的重要组成部分，古代文艺作品廉洁教育的价值在于，它不仅在当时社会产生了深远的影响，更通过世代相传的方式将廉洁文化的基因，深深地植入了中华民族的文化血脉之中。这种基因的传承使得廉洁文化在中华大地上生生不息、历久弥新，成为推动社会进步和发展的重要力量。

（二）从舆论到法律制度的社会化建构

在中华传统廉政文化的广阔天地中，社会教育的运作机制作为预防腐败的坚固防线，其影响力不仅局限于家庭和学校之内，更深刻地渗透至社会的每一个角落。古代社会舆论的引导力量与法律制度的规范作用，在更为广泛的社会层面构建起廉洁生态，使"不想腐"的理念深入人心。

自古以来，中国社会便高度重视舆论的力量，视其为维护社会秩序、倡导道德风尚的重要工具。在廉洁教育方面，社会舆论更是扮演着举足轻重的角色。它通过口耳相传、文艺媒介等多种形式，将廉洁奉公的典范事迹广为传颂,形成强大的正面引导力。例如,唐代名臣魏征以直言敢谏著称,他的事迹不仅被载入史册,更成为后世传颂的佳话。每当提及魏征,人们无不肃然起敬,这种社会共识无形中构建了一道廉洁的屏障,使得为官者不敢轻易逾越道德的界限。又如,明清时期的戏曲作品中,不乏以清官廉吏为主角的剧目,如《海瑞罢官》《包公案》等,这些作品通过生动的故事情节和鲜明的人物形象,深刻揭示了贪腐的丑恶与廉洁的高尚,激发了民众对廉洁品质的向往和追求。

除了正面的引导外,社会舆论还具备强大的监督与警示功能。在古代,一旦官员出现贪腐行为,往往会立即成为众矢之的,受到来自社会各界的谴责与批判。这种舆论压力不仅让贪腐者身败名裂,更对其他官员形成了强烈的震慑作用,使他们在面临诱惑时能够三思而后行。同时,古代还形成了许多以舆论监督为特色的制度,如"谏议制度""御史制度"等,这些制度赋予了特定官员或机构以监督朝政、弹劾不法的权力,进一步强化了舆论的监督效果。通过这些制度的实施,社会舆论成了监督官员行为、维护政治清明的重要力量。

而随着社会的不断发展和文明的进步,法律体系也经历了从零散到系统的演变过程。在廉洁教育方面,法律制度作为刚性约束的重要组成部分,其完善程度直接影响到廉洁文化的传播与践行。早在先秦时期,诸子百家就提出了许多关于廉政建设的思想主张,如儒家的"仁政"思想、法家的"法治"理念等,这些思想为后世法律制度的构建提供了宝贵的理论基础。到了秦汉以后,随着中央集权制度的加强和封建法制的逐步完善,一系列针对官员贪腐行为的法律法规相继出台,如秦朝的《秦律》中就有关于官员贪污受贿的处罚规定,汉代的"察举制"则通过选拔德才兼备的人才进入官场,从源头上提升官员队伍的素质。除了法律制度的完善和执行外,古代还注重法律文化的培育,通过普及法律知识、弘扬法治精神等方式,使廉洁观念深入人心。在古代社会,许多士人学子都接受过系统的法律教育,他们不仅熟悉法律条文,更深刻理解法律背后的道德精神和价值追求。这种法律文化的熏陶使得他们在步入仕途后能够自觉遵守法律、维护公正,成为廉洁奉公的典范。

在中华传统廉政文化的构建过程中,舆论与法律制度是相辅相成、不可分割的两个方面。舆论通过道德评判和监督的方式引导官员树立正确的价值观和行为准则,而法律制度则通过刚性约束和严厉惩治的方式确保廉洁观念的落实和践行。两者相互补充、相互促进,共同构成了一道坚不可摧的廉洁防线,廉洁逐渐成了古代社会的一种普遍共识和文化认同。在这种文化氛围中,官员们普遍将廉洁奉公视为自己的职责和使命。民众们则对清官廉吏充满敬仰和信任,整个社会都弥漫着一种崇尚廉洁、鄙视贪腐的良好风气。这种文化认同不仅增强了社会的凝聚力和稳定性,还推动了社会的和谐与进步。这种廉政文化的传承与发展不仅为古代社会的稳定与发展提供了有力保障,更为我们今天构建廉洁政治、推动社会进步提供了宝贵的历史借鉴和文化溯源。

总而言之,求木之长者,必固其根本。作风清廉源于思想上的清醒,腐败问题产生的根源往往是人心出了问题。要矫正人心,使人从思想源头上消除贪腐之念,筑牢拒腐防变思想道德底线,做到"不想腐",必须重视加强伦理道德教育,善养人之"廉"德,将"不想贪"的思想积淀于心。而伦理道德教育是一项系统工程,需要充分发挥家庭、学校、社会的协同育人作用,中国古人关于道德教育的智慧经验,对加强新时代廉洁文化建设、营造崇廉拒腐的良好风尚有着重要借鉴意义。

第三章

爵非德不授 禄非功不与

——激励机制使人不必腐

第三章 爵非德不授 禄非功不与——激励机制使人不必腐

中华优秀传统文化对于全面建立和完善中国特色"不想腐"的反腐倡廉激励机制具有重要启示。正如前面一章所论述的，对道德教育的重视，为国家培养和储备了大批德才兼备的领导人才，在反腐倡廉的系统中起到了"防患于未然"的效果。在此基础上，古人还进一步加强完善了激励机制，使官员"不必腐"。正是因为古人治国理政顺应天道、合乎人情，因而能够深入人心、行之有效。

一、顺应天道、合乎人情的治理

古人治国理政首先强调要顺应天道。所谓天道，就是《老子》中所强调的："天之道，利而不害"，这种利而不害的天道在孔孟儒学之中体现为强调要以仁心施仁政。因此古人以礼、乐、政、刑来治国，用礼来约束人过度的欲望行为，用乐引导人达成中和宁静的心态，通过政治制度激励人符合礼义道德的行为，设立刑罚惩治违背礼义道德的行为。礼、乐、政、刑四者的顺序不能颠倒，特别是把刑罚放在最后，体现了古人以礼乐教化为主、以刑罚处罚为辅的"仁政"思想。

《孔子家语》记载：孔子任鲁国大司寇的时候，有父子两人互相控告，孔子把他们关进了同一牢房，三个月都没有判决。后来父亲撤诉，孔子就把他们都释放了，没有再追究。鲁国的大夫季孙听到这件事很不高兴。他问："司寇，你欺骗了我。我曾经听您说过，孝是治国的根本。现在杀一个不孝之人就可以警戒全国的百姓都尽孝，但是您不把他杀掉，反而把他赦免了，为什么？"

孔子说："上失其道，而杀其下，非理也。"身居上位的人无道，没有教育、引导百姓走正道、行孝悌，结果百姓犯了罪，就把他们杀掉，这不符合情理。不教导百姓培养起孝心，却用孝的标准来审判，这是杀害无辜之人。全军溃败不可斩杀士卒，司法混乱不可惩罚百姓。这是因为身居上位者没有实行道德教化，罪责并不在百姓的身上。法令松弛不严谨，却诛杀甚严，这是残害；横征暴敛没有一定时节，这是暴政；不事先教化百姓，却苛求他们遵礼守法，这是虐政。如果政治能够杜绝这三个方面，然后才可用刑。

孔子接着讲述了道德教化的步骤。首先要为人们宣讲"孝悌忠信、礼义廉耻"的道理，并且以身作则，让人们信服。人们明白了是非善恶美丑的标准，就不会轻易地去作恶了；如果宣讲了道德之后还不行，就要尊重贤德之人，劝勉百姓向善；有德之人能够身体力行，又能够把孝悌忠信、礼义廉耻的道理讲解出来，让大家都去学习效仿，社会就会安定和谐了。所以，古人特别尊重老师、尊重贤德之人。如果这样做了还是不行，就要废弃罢黜那些不能遵守道德规范的人，让人们生起畏惧之心。如果这些都做到了，百姓自然端正。倘若还有一些奸邪之徒顽固不化，最后才对他们施以刑罚制裁，这样民众就都能够明理而知耻，而羞于犯罪了。于是就不需要使用严厉、苛责的政令，而刑罚也可搁置不用。然而现在的社会（指当时的社会）却不是这样，社会教育混乱，刑罚繁多，使人迷惑，人们不知不觉地犯了罪，于是又用刑罚来制裁他们。结果，刑罚愈来愈繁多，但是犯罪的人却数不胜数。社会风气由盛转衰已经很久了，虽然有刑法，老百姓能不越轨犯法吗？

孔子的这段阐述非常明确，强调首先要教化民众，如果民众因为没有伦理道德的教化而做了邪曲不正的事，应该给予宽恕。但是宽恕之后，还是一定要兴起伦理道德的教育，让民众知道为人的本分和应尽的

第三章 爵非德不授 禄非功不与——激励机制使人不必腐

职责。

古人治理国家还强调必须顺应人情。所谓人情,就是孔子所说的:"富与贵,是人之所欲也。"既然富贵是人人所欲求的,那么如何避免人们为了追求富贵而不择手段呢?那就是首先要通过教育来加以引导,使人理得心安,然后再通过制度来加以激励和约束,最后才通过刑罚来惩治。

希求荣华富贵是人之常情。如果要想让人,特别是官员做到"君子爱财,取之有道",首先就要对之进行伦理道德因果教育,使之明理。

《魏志》中记载,王昶是太原郡晋阳县人,后来升任了兖州刺史,他为哥哥的儿子和自己的儿子取名时,都依照谦虚和诚实的意思,体现出他对儿子和侄子们的期许。他的侄子,一个叫王默,字处静;一个叫王沈,字处道。他自己的儿子,一个叫王浑,字玄冲;一个叫王深,字道冲。

王昶告诫他们说,为子之道最重要的是珍爱自己的身体,培养良好的品行,并以此来使父母的名声显扬。孝敬仁义是各种品行中最重要的品行,也是立身的根本。人们只有讲孝敬,家族内部才会安定;讲仁义,才能深受乡亲们的尊重。但是君子有时候能得到富贵声名,但是却不想要或不愿意要。这是因为他们厌恶不由正道而得来的名利。人生值得担忧的事,是只知进而不知退,只知放纵欲望而不知满足,所以,才会有遭受困辱的忧患,才会犯下令人悔恨的过错。常言道,人不知足,往往会丧失其所拥有的,知足的富足才是长久的富足。观察往事的成败,看清将来的吉凶就会明白,追名逐利、贪得无厌的人,没有能保持家族不衰而长久享有福禄的。希望你们立身处世要遵从儒家的教诲,奉行道家的箴言,所以用深沉、静默、谦和、淡泊之意为你们取名字,希望你们顾名思义,不敢违背、逾越圣人的教诲。在古时候,盘、盂上铸有铭文，几、杖上也刻有教戒，为的是低头抬头都能看到圣人的教诲，以提醒自己不要有越轨行为。更何况这些警言就在自己的名字之中，能不随时提起警诫吗？接着，王昶写道："夫物速成则疾亡，晚就则善终。朝华之草，夕而零落；松柏之茂，隆寒不衰。是以大雅君子恶速成。"大凡事物发展过快则衰亡也快，缓慢稳定地发展则容易有圆满的成果。早晨开花的草到了傍晚就凋落了；而茂盛的松柏，即使在非常寒冷的冬天也不会枯萎。所以，德高才大的君子忌讳速成。

松柏到了非常寒冷的冬天也不会枯萎，是因为松柏有深根。《大学》上说："德者，本也。财者，末也。"道德是根本，财富等只是末枝。"财"不仅指财富，还指一个人的声望、地位等。古人说"厚德载物"，一个人的德行深厚，才能承载高名、厚禄、显位而没有祸患。这正如植物根深才能叶茂。

孔子说："欲速则不达，见小利则大事不成。"凡事愈是求迅速，愈是达不到目标；仅仅看到眼前的蝇头小利，结果反而把大事耽误了。《大学》中还说："货悖而入者，亦悖而出。"财富是以不正当的方式获得的，也必将以不好的方式败散掉。如果官员追求财富，想一夜暴富，采取了种种贪污受贿、以权谋私、坑蒙拐骗的手段，最后使自己锒铛入狱，这就是"欲速则不达"。

古人教诲后人用心良苦，还把败散钱财的方式概括为五个方面：第一是官府，官员以贪污受贿、以权谋私换来的金钱，随着自己东窗事发、锒铛入狱也被没收、充公，结果竹篮打水一场空；第二是水灾；第三就是火灾，即不义之财还可能会被洪水漂夺走，被大火焚烧掉；第四是盗贼，古人讲"盗亦有道"，专门劫富济贫，偷盗、敲诈、勒索为富不仁之人；第五是不肖子孙，即败家子、啃老族等，也会把不义之财败散掉。

第三章　爵非德不授　禄非功不与——激励机制使人不必腐

《群书治要·尚书》中讲到，看一个官员是否有发展前途，可以从以下四个方面来观察："内作色荒"，一个人在内兴起迷恋女色之风；"外作禽荒"，在外又兴起游猎的风气；"甘酒嗜音"，喜欢饮酒没有节制，还迷恋歌舞、靡靡之音；"峻宇雕墙"，住的房屋又高又大，墙上还雕绘着图饰。"有一于此，未或弗亡。"上述情况有一种出现了，就没有不灭亡的。后面还有夹注，"此六者，有一必亡，况兼有乎！"以上所说的这六种情况有一种出现了，就必定会灭亡，更何况这六种情况全都出现了呢？如今很多官员落马，基本都有以上表现。

所以，要对官员进行官德教育，最重要的是使官员明白长久保持富贵的道理："君子以俭德避难，不可荣以禄。"（《群书治要·周易》）。"在上不骄，高而不危；制节谨度，满而不溢。高而不危，所以长守贵也；满而不溢，所以长守富也。"（《群书治要·孝经》）。"位也者，立德之机也；势也者，行义之枢也。"（《群书治要·中论》）。这样，才能使官员做到凡事节约而不奢侈浪费，并能控制自己的欲望，把职位、权势作为建立仁德、施行道义的工具，而不是骄奢淫逸的资本，从而避免身败名裂乃至"富（贵）不过三代"的悲剧。

古人说："三日不读书，面目可憎。"因为古人所读的经书皆与天道人情相应，因此理得心安，不会轻易作恶。譬如，《群书治要·周易》中讲"积善之家，必有余庆；积不善之家，必有余殃""善不积不足以成名，恶不积不足以灭身"；《尚书》中讲"作善降之百祥，作不善降之百殃""惠迪吉，从逆凶，惟影响"；《老子》中讲"天道无亲，常与善人"；等等，都成为古代读书人立身处世的原则，使他们不仅不会轻易作恶，反而还熏陶出了如孟子"富贵不能淫，贫贱不能移，威武不能屈"、诸葛亮"鞠躬尽瘁，死而后已"、范仲淹"先天下之忧而忧，后天下之乐而乐"、文天祥"人生自古谁无死，留取丹心照汗青"、林则徐"苟利国家生死以,岂因祸福避趋之"、顾炎武"天下兴亡,匹夫有责"的高尚节操。

古人的道德教育并非空洞的说教,而是从各种激励制度上为"不想腐"创造"不必腐"的条件。

二、德才兼备、以德为先的选贤任能制度

中国共产党历来高度重视选贤任能,始终视选人用人为关系党和人民事业发展的关键性、根本性问题。在新的历史发展时期,面对新的历史特点,人才更是实现伟大梦想的关键。党的十九大报告明确指出,"人才是实现民族振兴、赢得国际竞争主动的战略资源。要坚持党管人才原则,聚天下英才而用之,加快建设人才强国。要实行更加积极、更加开放、更加有效的人才政策,以识才的慧眼、爱才的诚意、用才的胆识、容才的雅量、聚才的良方,把党内和党外、国内和国外各方面优秀人才集聚到党和人民的伟大奋斗中来。"[①]中国的历史是一部圣贤文化传承的历史,中国的传统政治也被称为圣贤政治。圣贤政治的一个突出特征就是"选贤举能""任人唯贤"。自上古起,中国人就开始了选贤举能的实践,而且从未中断贤能治国的探索,这些选贤任能的理论和实践使中国历代涌现出大批优秀人才,成就了一个又一个太平盛世,推动了中华文明的传承和发展,为上下五千年的辉煌做出了不可磨灭的贡献。这些选贤任能的理论和实践,至今仍然深具借鉴意义。

(一)任贤的重要性

"得贤者则安昌,失之者则危亡"是不变的历史规律。一个国家的

---

① 《中国共产党第十九次全国代表大会文件汇编》,人民出版社,2017年,第52页。

第三章 爵非德不授 禄非功不与——激励机制使人不必腐

臣子，上承君主，下接百姓，是国家运转的枢纽。枢纽运转不畅，甚至失去了枢纽，那么上政不能下达，下情不能上启，内政无人主持，外交不能落实。即使典籍中详细记载有古圣贤王的治国方略，但如果没有贤德之人来推行，国家政事也依然得不到治理。因此，治国理政中的首要之事是选贤任能。

首先，官员贤德与否关系到国家的安危。春秋战国是中国历史上一个社会动荡、战乱频繁的历史时期，但就是在这样的年代，贤臣却能够成为稳定国家的力量。《新序》中记载，秦国想要攻打楚国，于是派遣使者前去观看楚国的宝器。楚臣昭奚恤告诉楚王，秦国使者观宝是假，其真实目的乃是借此观察楚国的政治得失，进而有所图谋。于是，楚王就派昭奚恤来应对。昭奚恤向秦国使者一一展示了楚国的宝器——贤能的臣子：治理内政的令尹子西，处理外交的太宰子敖，保卫疆土的叶公子高，抵御强敌的司马子反，以及能记述先王治国理政经验智慧的昭奚恤自己。秦国的使者震惊得答不出话来，回国后告诉秦王，楚国有很多贤明的臣子，不能对楚国有所图谋，因此秦国就没有攻打楚国。国家因为有贤才而得以安存的故事在春秋战国时期屡见不鲜。

其次，官员贤德与否关系到君主的正邪劳逸。春秋五霸之首齐桓公九合诸侯，一匡天下，能获得如此的成功和荣耀离不开贤臣管仲的辅佐。齐桓公确实具有容人的雅量和任贤的决心。信任鲍叔牙的举荐，不计较管仲曾射中其衣带钩的前嫌，重用之，并尊其为"仲父"，大小国事皆由管仲处理。管仲相齐四十余年，使齐国国富兵强。然而，管仲去世后，正因桓公没能黜退身边的奸佞之臣，落得身死不葬的下场。同样是桓公一人，荣在任贤，辱在任奸。这是官员贤德与否给君主带来深刻影响的生动事例。《尚书》中警示得好："仆臣正，厥后克正；仆臣谀，厥后自圣"①，如果仆臣皆为正人，则其君主能为正人；如果仆臣皆是谄谀之人，其君主就会自以为圣明。因为君主天天听到的都是赞叹的话，不知道自己的过失在哪里，也就无从改进，当过恶积累到一定程度，败亡也就不远了。所以古人特别强调不能让谄媚逢迎之人留在身边。身为领导者，必须要有知人之明，要善于识人，管好身边的人，做到任贤远佞。

再次，官员贤德与否关系到民风的善恶厚薄。《后汉书·鲁恭传》记载，鲁恭治理中牟县时，注重运用道德教化来治理百姓，尤其不会专任刑罚；遇到难解案件还会反求诸己，是自己没有将百姓教化做好，致使人们犯错。在鲁恭的治理下，中牟县的人民受到了道德教化，民风越来越好。看到野鸡飞落田间，其他地方的人们可能首先想到的是驱赶或捉拿，而中牟县的人却用仁心保护喂养，结果当其他地方螟虫成灾的时候，中牟县却因野鸡吃光螟虫而幸免于灾。一国之君或是一邑之长有德行，施行善政，上下和睦，社会大治，就能风调雨顺、政通人和。

任贤的道理显而易见，但囿于制度及为政者的好恶等因素影响，任人唯贤往往会被任人唯亲、任人唯利取代。《墨子》中对此有一生动比喻：王公贵族们对于修理坏弓、医治病马、剪裁衣料、屠宰牛羊，尚知道选用良匠、兽医、裁缝和屠夫，纵然自己有骨肉至亲，也不会让他们来做，就是唯恐任人不当损坏了财物。然而，当治理国家时，他们却不假思索地任人唯亲，任人唯利，甚至以貌取人。可见，这些王公大人对国家的热爱和重视还不及这些财物，这就是在小事上明白要选贤任能，在大事上却不明白啊。其实，这种现象无论在古代还是当代，都屡见不

---

① 孔安国、孔颖达：《尚书正义》，北京大学出版社，2000年版，第627页。

鲜。习近平总书记针对这种情况曾一针见血地指出,"这其中作祟的,是一些领导干部的私心杂念,是人们议论的'关系网''潜规则'。正是这些不健康的因素起作用,任人唯贤被丢在一边,任人唯亲、任人唯利等问题发生了。干部群众对这些问题深恶痛绝。必须下决心加以整治,使用人之风真正纯洁起来。"①

(二)选贤的标准

任贤的前提是得贤,因此就要有选贤的标准。在现代汉语中,贤能一词通常连用,而在古代,贤是贤,能是能。根据古代大儒的注解,有德谓之贤,有技谓之能。可见,贤、能之分,即德、才之别。北宋名臣司马光曾在《资治通鉴》中论述德与才的关系是"才者,德之资也;德者,才之帅也",并将人才分为四种,"才德全尽谓之圣人,才德兼亡谓之愚人,德胜才谓之君子,才胜德谓之小人"②。司马光指出,凡是选举人才,如果得不到圣人、君子,与其得到小人,还不如得到愚人。这是因为,君子用才能来行善,小人用才能来作恶。用才能行善,则善无不至;用才能作恶,恶也会席卷而来。自古以来,国家的乱臣、家族的败子,无不是才有余而德不足,最终导致国家衰亡,家族覆灭。针对德才的问题,习近平总书记也曾振聋发聩地讲明,"有才无德会坏事,有德无才会误事,有德有才方能干成事"③。

德是才的根本。博学多才固然重要,但若没有德行为承载,就有可能知识越多、能力越强,危害反而越大,就像现在社会中出现的高科技

---

① 《习近平谈治国理政》,外文出版社,2014年版,第420页。
② 司马光:《资治通鉴》,中华书局,1956年版,第1册,第14页。
③ 2020年6月29日,习近平总书记在十九届中央政治局第二十一次集体学习时的讲话。

犯罪。这些犯罪之人，没有将所学的知识技能转化为贡献社会的资粮，反而窃其为犯罪的工具。另外还有精致的利己主义者，作为道德体系的腐蚀剂，危害更加深远。因此，古人在选举人才时，主张德才兼备，而且一向是以德行为先。时至今日，中国在选用干部时，仍然坚持"德才兼备、以德为先"的原则。习近平总书记在《着力培养选拔党和人民需要的好干部》的讲话中强调，"各级党委及组织部门要坚持党管干部原则，坚持正确用人导向，坚持德才兼备、以德为先，努力做到选贤任能、用当其时，知人善任、人尽其才，把好干部及时发现出来、合理使用起来。"①

在众多的德行当中，当以哪种德行为先呢？当以孝德为先。对父母没有敬爱之心，却对他人爱敬，是悖德悖礼的行为。例如，一个人对自己的父母都不赡养，却天天向领导嘘寒问暖，对领导言听计从，若不是为了一己之私，又当如何解释这种两面之人？孝是道德大厦的基石，没有基石，再有所谓的才德，也不过是空中楼阁。因此，中国自古便有"举孝廉"的选人机制，即选拔官员时首先考察其是否孝敬父母，行为清廉。因为一个孝子，一举足不敢忘父母，一出言不敢忘父母，言行举止小心翼翼，念念不忘父母教诲，不敢辱没父母名声，定会为官恭谨，怎么敢去贪污腐败呢？

《晋书》上记载了孝子吴隐之成为廉洁官员典范的故事。吴隐之早年丧父，侍奉母亲恭谨孝敬，是一位孝子，受到了吏部尚书韩康伯的举荐。后来，朝廷任命吴隐之为广州刺史。距离广州二十里处有一口"贪泉"，传说饮了贪泉的水，人就会变得贪得无厌，清廉官员也会改变节操。于是，为了表明自己的清廉之志，为了破除贪泉邪说，更是为了教

---

① 《习近平谈治国理政》，外文出版社，2014年版，第418页。

第三章　爵非德不授　禄非功不与——激励机制使人不必腐

育官吏和百姓，吴隐之在赴任前特意来到贪泉，喝下贪泉水并赋一首诗，"古人云此水，一歃怀千金。试使夷齐饮，终当不易心。"任职期间，吴隐之更加注重砥砺自己清廉的节操，使边远之地都受到了道德教化，吴隐之也因此受到了皇帝的嘉奖。历史上，两晋时期的官风极其腐败，但吴隐之依然能够清廉自守，成为一代廉吏，名垂青史。

《孝经》云："夫孝，德之本也。"①践行孝道能培养人的感恩心、恭敬心、仁爱心和责任心，正所谓孝心一开，百善皆开。人将这种善推而广之，"事诸父，如事父；事诸兄，如事兄。"②"老吾老，以及人之老；幼吾幼，以及人之幼。"③从处理好个人和家庭的伦理关系，扩展到社会和国家，便是"移孝作忠"。《礼记》中描述了三种不孝的行为：工作不尽职尽责是不孝，为官不谨慎是不孝，作战不英勇是不孝。这三点直接体现了忠孝一如的道理，这也是为什么古人常说"求忠臣必于孝子之门"。进入现代社会后，在不同历史时期，对官员德才的具体要求有所不同，这些不同都是为了适应当时的时代背景和需要。但从大的德行方面讲，都是与中国传统的道德标准一脉相承的，并且都是建立在孝廉的基础之上的。

从孝养自己的父母培养起服务人民群众的心。小孝是孝养自己的父母，大孝是孝养天下的父母，而天下父母就是人民。党的干部是人民公仆，忠诚于人民，以人民忧乐为忧乐，以人民甘苦为甘苦，全心全意为人民服务。习近平总书记说，"对于我们共产党人来说，老百姓是我们的衣食父母。要像爱自己的父母那样爱老百姓，为老百姓谋利益，带老

---

① 李隆基：《孝经注疏》，北京大学出版社，2000年版，第3页。
② 李逸安：《三字经百家姓千字文弟子规》，中华书局，2009年版，第186页。
③ 赵岐：《孟子注疏》，北京大学出版社，2000年版，第26页。

百姓奔好日子。"①当一个党员干部能够做到目中时时有人民,心中念念有群众的时候,自然就能做到"信念坚定、为民服务、勤政务实、敢于担当、清正廉洁"。②

(三)选贤制度的历史沿革

"选贤与能"出自《礼记·礼运》"大道之行也,天下为公,选贤与能,讲信修睦。"③"与"通"举","选贤与能"亦作"选贤举能",即选举贤能之人。

中国自上古时期便已经开始了选贤的实践。夏商周三代之前,帝位继承实行禅让制,推选继承人的过程就是在选贤举能。《史记》记载,尧帝在他在位七十年时,希望从四方的诸侯中选出继任者,但大家都以德行浅陋而推辞。尧帝则命大家举荐贤德之人,不论其出身是否高贵贫寒。大家都一致推举了舜。舜当时地位低微,但德行高尚,是一位至孝之子。他的父亲不遵德义,母亲不讲忠信,弟弟狂傲无理,但是舜都能用孝顺友爱之心与他们亲睦共处,使他们上进,而不至于发展到奸恶的程度。舜被举荐出来之后,尧帝没有立刻让位,而是对他经过了细致的考察。尧将自己的两个女儿嫁给舜,以此来考察他齐家的能力;让自己的九个儿子和舜交朋友,观察他为人处事的能力。结果,尧的两个女儿不敢以骄慢自居,九个儿子都更加忠厚谨敬。尧又命舜处理政务,考察其教化百姓、统领百官、政事、外交、祭祀等能力。最后,又考察舜的生存能力,在山林川泽中遇到暴风雷雨,舜从不迷失方向。三年的考察,可谓历试诸难。在舜的带领下,民皆德化、百事振兴、诸侯和睦、

---

① 《习近平谈治国理政》,外文出版社,2014年版,第428页。
② 《习近平谈治国理政》,外文出版社,2014年版,第412页。
③ 郑玄:《礼记正义》,北京大学出版社,2000年版,第769页。

第三章　爵非德不授　禄非功不与——激励机制使人不必腐

风调雨顺。舜以优异的政绩在民众中赢得了广泛的信任和拥戴。尧这才将帝位禅让给了舜。

当今中国很多干部培养模式和制度，都能从尧舜这里找到历史渊源。首先，选贤的标准是德才兼备，以德为先。习近平总书记在《努力造就一支忠诚干净担当的高素质干部队伍》中指出，要"严把德才标准。德才兼备，方堪重任"，并引用"德薄而位尊，知小而谋大，力小而任重，鲜不及矣"的古语来说明，选人用人重德才是古今中外治国理政的通则。①孝是一切德行的基础。以孝德为本的选贤标准，从尧舜算起，在中国已经传承了近五千年。其次，在任命之前，要对候选人作全方位的考察，就像尧从"公""私"两方面来考察舜。在"私"的方面，为什么要考察齐家的能力？《大学》中说，"欲治其国者，先齐其家""其家不可教，而能教人者，无之"②。我国现在考察领导干部时，家人的状况也被纳入考察内容，因为这体现着领导干部教导、影响家人的能力，换言之，就是齐家的能力，更何况有很多锒铛入狱的领导干部，都是被家人拉下马的。此外，"公"的方面，考察的不仅是政绩，还有在民众中的口碑。例如，根据《党政领导干部选拔任用工作条例》，干部选拔任免之前都要进行公示，公示期一般为七至十五天，广泛听取群众的反映和意见，再正式实施对公务员的任职。这就是在"大事"上看德，在"小节"中察德。最后，选贤之后，舜没有立即继位，而是经历了历练和考核。这个过程用现在的话说，就是进入高层的领导干部要经过系统、全方位的培养和考验。在当今中国，中高层领

---

① 习近平：《努力造就一支忠诚干净担当的高素质干部队伍》，《求是》2019年第2期。

② 郑玄：《礼记正义》，北京大学出版社，2000年版，第1859、1867页。

导干部的选拔不实行西方的民主选举制，不以言取人，不迷信选票，而是根据干部的实际工作能力和政绩进行选拔。干部须从基层做起，再通过换岗，在不同的工作岗位、不同的工作地域进行工作，积累从政经验，之后再根据政绩以及群众的反响，进行晋升。

从汉代开始，中国历史上先后出现了三种重要的选举制度，即察举制、九品中正制和科举制。察举制分为举贤良方正、举孝廉、举直言、举文学、举茂才（秀才）等，即举荐德行高尚、志节清白之人，举荐孝敬父母、行为清廉之人，举荐能直言极谏之人，举荐博通经史之人，举荐才能出众之人。察举制包含自下而上的举荐和自上而下的考察，在乡党之间观察德行，在官职之上考察能力，有政绩者再察选至中央，作进一步考试和任用。察举制中颇具特色的是"进贤受上赏，蔽贤蒙显戮"的连带责任制。这种制度早在战国时期的典籍中就有论述。《群书治要·尸子》中讲道：若能做到举荐贤者有赏，举荐不肖者要负连带责任，若是没能举贤，便是无能之人，如此一来，人们就会多举荐贤者了。而且，臣子若立大功，便追问谁是举荐人，一同赏赐；若是犯了大过，也同样追问是谁任用了他，连带处罚。到了汉代，连带责任成为一种制度。《汉书·武帝纪》记载，汉武帝曾下诏命人讨论不举荐贤良的郡县官吏应如何治罪。专司官吏上书分析说："诸侯向朝廷举荐人才，首次推举的人才如果得当，则称其'好德'；第二次推举得当，则称其'贤贤'；第三次推举人才得当，便称其'有功'，朝廷对他进行崇高的奖赏。诸侯不向朝廷举荐贤才，第一次贬爵，第二次削地，第三次爵位和土地全部削尽。勾结于下而欺罔君上的人要处死，谄媚于上而欺罔臣民的人要加刑，参与国政而不能造福于民的要弃逐，身居要职而不能进荐贤才的要退位，这就是劝善惩恶的措施。今日诏书要求发扬先代帝王选能举贤的传统，令郡守县令推举孝廉贤才，是为了教化人民、移风

第三章 爵非德不授 禄非功不与——激励机制使人不必腐

易俗。那些对举贤诏令置若罔闻的官吏,当以不遵朝命论处。不能培养与发现贤才,就是不能胜任其职,应该罢免。"专司官吏的上奏被汉武帝采纳。正因古人深刻认识到了贤才的难得和可贵,所以才有了连带责任制,以保证能够将真正贤德之人举荐出来,而非举荐者的亲私。这种奖惩和追责机制,把能否荐贤纳入官员的政绩考核,既调动了官员荐贤的积极性,也使官员不敢随便荐举无德之人,同时可以形成进贤退不肖的良好政治风气,因此,连带责任制是多被后世效仿的一种有效的荐贤保障制度。

魏晋南北朝兴起了九品中正制,又称九品官人法,即由朝廷指派中正官,一般是由德行和名望皆高之人担任,将地方上的人才,无论是否已经在职,根据其德行、才能和家世定为九个品次,供吏部选用。其积极意义是将察举制中注重的德行进行了量化,并且定品时是以德行为先。此外,它还对基层人才进行了普筛和梳理,建立了类似今天人才库一样的档案,相比察举制中按照户籍数目举荐孝廉之人的做法,减少了人才遗漏。因此,九品中正制实际上是察举制的发展。然而,其自身也不乏局限和问题。评定人的德行及个人爱憎会直接影响评定结果,加之没有监督审查,结党营私难以避免。而且,"以德为先"逐渐被"出身为先"所取代,评价时将候选人的出身凌驾于德行之上,导致出现了"上品无寒门,下品无士族",晋朝便多有忠臣上书痛陈九品之弊。最终,这种选人制度被废止。

自隋朝至清朝实行科举制,这是一种以考试取人的制度。中国最早的考试可以追溯到西周时期。《周礼·地官》在"乡大夫"一职中记载,每三年考试一次,考察乡人的德行和技艺,从中选出贤德之人和多才多艺之人,任贤使能。而真正将考试选人制度化的是科举制。科举制有其自身的优点。第一,科举制是从人的主观判断转向通过考试进行客观评判，使选人用人更为公正和公开；第二，科举制打破了固化的社会阶层，真正为寒门拓开了仕途；第三，考试内容以儒家经典为主，而经典中记载的是古圣先王的修身治国之道，因此选出的人才具有高度的政治和文化素养，也形成了中国古代士人特有的精神品质；第四，以文取人的方式带动了全社会重视文化教育的风气，推动了人民整体文化水平的提高，无形中推动了中华文化的传承和延续。

科举制在中国实行了1300年，历史上因此涌现了一大批优秀的人才。不仅对中国历史产生了积极并且难以估量的深远影响，还在世界范围内产生了深远影响；不仅被中国周边的一些国家如越南、朝鲜、日本所采用，十九世纪时还被英国文官制度所借鉴。可以说，科举制是中国古代政治文化对世界行政领域作出的重大贡献。其影响也一直持续到今天。科举制是现今中国公务员考试任用制度的历史渊源。公务员考试任用制度是吸取了中国古代科举制中公平竞争、择优录取等精神，又结合当今中国的时代需要而建立起的适应社会发展的制度，是对中国古代科举制的继承和升华。在公务员考试制度实行的近三十年时间里，经历了从创立，到发展，再到平稳的过程。现在，公务员考试制度依然处在完善的过程中，科举制中的精华，如考试严格性和统一性、考试机构的独立性、公务员录用的庄严性等，仍然具有借鉴意义。

梳理历史上各种选贤方式可以发现，设计制度的目的，都是为了将德才兼备之人选拔出来，然而其出现的问题，也都是忽略了"以德为先"这一原则。当一种选举制度弊病丛生，不能选出贤德之人的时候，必然会被历史淘汰。这点对我们当前选拔人才是重要的启示。

（四）任人唯贤及其"中国特色"

"任人唯贤"一词出自《尚书·咸有一德》中的"任官惟贤材，左右惟其人"①。国家所选任的官员必须是贤德之人,君主的左右也必须是忠臣良将。在中国选贤任贤的历史长河中,有着众多的优良传统,形成了鲜明的"中国特色"。

1. 尊贤

领导者礼敬的态度和谦虚的品德是赢得贤士的关键所在。周公是西周初期杰出的政治家、军事家、思想家、教育家,被后世尊为"元圣"。《史记》记载,周公的儿子伯禽代替周公到鲁国受封之前,周公以自己"一沐三捉发,一饭三吐哺"的事例告诫伯禽要礼敬贤士、谦恭待人。正是因为有周公"吐哺握发"的态度,天下贤德之人竞相前来归附。据《说苑》记载,在周公代理天子执政的七年里,平民人士之中,他带着礼物以尊师之礼求见的有十人,以朋友之礼求见的有十二人,对穷巷陋屋中的贫寒之士优先接见的有四十九人,被他举荐的优秀人才有上百人,受他教导的士人有上千人,授予官职的朝拜者有万人。假使周公对人骄傲且鄙吝,那么天下的贤士来的就很少了,就算有来的,也是贪图财利之人。

中国共产党人也继承了这种尊贤的传统。2017年11月17日,在全国精神文明建设表彰大会上,习近平总书记与代表们热情握手时,看到一位白发苍苍的老人站在人群中,习近平总书记一把挪开了前排的凳子,伸手扶住老人,邀请他坐到自己身边。老人执意推辞。习近平总书记一再邀请,说:"来! 挤挤就行了。"另一位老人也在邀请下坐到了前排座位上,与全体代表共同合影留念。习近平总书记的这个举动被无数人点赞,全场更是爆发出了长时间热烈的掌声。这两位老人,一位是93岁的黄旭华——"中国核潜艇之父",中船重工第719研究所名誉所长、

---

① 孔安国、孔颖达:《尚书正义》,北京大学出版社,2000年版,第258页。

首批中国工程院院士、我国第一代核潜艇总设计师。另一位是82岁的黄大发——绝壁凿水渠的村支书，用36年的时间干了一件大事：修水渠，让全村人喝上水。习近平总书记尊贤敬老的举动，使大家倍受感动，因为黄旭华、黄大发代表了民族脊梁。

2. 辨贤

在选人时，一定要对人才进行观察和分辨，是真正的贤才，还是似贤非贤。古人在这方面积累了丰富的经验，其中特别值得借鉴的是古人不以言举人。言语好听未必会有真实德行。孔子云："巧言令色，鲜矣仁。"[1]《荀子·大略》云："口能言之，身能行之，国宝也；口不能言，身能行之，国器也；口能言之，身不能行，国用也；口言善，身行恶，国妖也。治国者敬其宝，爱其器，任其用，除其妖。"[2]因为将国妖置于领导岗位，无异于将他的恶行传播给众人，国妖的职位越高，危害也就越大。国妖并不仅指国家的臣子，凡是会对社会风气造成不良影响，使人对道德伦理丧失信心，诱导人们为非作歹的，都属于国妖。"除其妖"最根本的是去除他们产生的不良影响，而根治还是要从任用贤德、净化人心做起。

3. 让贤

贤似乎与崇尚竞争的现代社会格格不入，但察析历史便不难得出让贤之风与国家兴盛息息相关的结论。与"让"相对的是"争"。为何古人提倡"让"而不提倡"争"呢？因为"争"往往无法选出最上等的人才。《晏子春秋》记载，晏子将人才分为三等：最上等的贤德之人最难出仕为官，而且出仕之后，也最容易退出；次一等的人容易出来做

---

[1] 魏何晏、宋邢昺：《论语注疏》，北京大学出版社，2000年版，第4页。
[2] 王先谦：《荀子集解》，中华书局，1988年版，第498页。

第三章 爵非德不授 禄非功不与——激励机制使人不必腐

官,但也容易退出;而最下等的人,最容易出来做官,但却是很难被罢退的。之所以形成这样的局面是因为,贤德之人心之所在,只是江山社稷、黎民百姓,他们毫无私利、不计功名,出仕是为了道义,为辅佐君主,使社会安定、人民幸福。如果君主不贤明,这些贤德之人就难于被举荐出来,纵使被举荐做官,也会发现自己难以发挥作用,容易因此退出官场。对于这类贤德之人,要有贤明的君主诚心礼请,就像刘备三顾茅庐请诸葛亮出山一样。相反,最下等的人裹挟私心,只要能争得一官半职,能为自己带来利益,怎么会轻易退出?因此,竞争的最好结果,不过是使中等的人才在位而已,存在人才遗漏的问题。此外,"争"还容易引发对立。如果在竞争的过程中不能有效地克制私欲,就容易与竞争对手产生对立。如果对立不能及时化解,反而进一步加剧,就可能会自赞毁他,引发斗争。通过这种方式选出的领导者,也容易用对立的方式处理问题,导致社会乃至世界范围内的混乱。因此,古人提倡要"让",并教导要选任推让最多、能够荐贤之人。因为只有没有私心、不怕贤人超越自己的人,才能荐贤。能否荐贤也成为评价官员政绩的标准之一。

在中国的官员选拔中,一定程度上也有竞争上岗的选人方式,在实行的几年中,出现了"唯分取人""唯票取人"的偏差,一些能干不能考的内秀式干部难以获得提升,选出的却是一些没有实际工作能力的"考试型选手"。此外还出现了不利于单位内部团结、上下级管理无序等问题。针对实践中存在的偏差和问题,党的十八大以来,党中央及时对竞争性选拔干部进行了规范和完善。如今在实际工作中,公开选拔和竞争上岗开展较少,使用范围也较小,但这恰恰使干部不必再对票数和分数产生纠结,而是专心于工作和自身修养的提升。此外,党组织在干部选拔任用过程中的领导和把关作用也进一步增强。这些调整无论是在理论上还是实践中,都更加符合逻辑,更加合理,更有利于将优秀的人才选拔出来。

4. 从贤

有贤而不用,等于没有贤士;不听从贤士的意见,也等于没有贤士。因此,任人唯贤中最重要的一环是用贤。用贤就要遵从贤士的意见。《左传》中记载了栾书"从善不从众"的故事。公元前585年,在晋国与楚国的对抗中,当时晋国中军帅栾书的佐将有十一位,其中只有三位不主张出兵,而主张出兵的有八位。栾书遵从了三位的意见。有人对栾书说:"圣人与众人同愿,因而能成事。您何不听从众人的意见呢?您的辅佐者中不同意作战的只有三人,而想要交战者占多数。《商书》上说'三人占卜,听从其中结论相同的两个人的意见',这就是取其多数的缘故啊。"但是栾书回答说:"如果同样都是好的意见,就服从多数。好的意见是众人所当听从的。现在这三位将领的意见是好的,就当听从,他们就是多数。听从三位贤卿的意见,难道不可以吗?"栾书的高明之处在于他懂得如何用贤。如果以人数多少为标准,那么三人确实不敌八人。但是栾书认为,善为众之主。现在三卿是晋国的贤臣,他们的意见是善的,即使是少数,也应当以他们的意见为主,其余碌碌无为臣子的意见都不足为数。

正是因为中国人自古便懂得"从善不从众"的道理,因此无论是在选人用人过程中,还是在国家社会治理过程中,实行的都是贤能政治,而非西方式的民主政治。因为不能完全依靠众人之言对人进行评判。孔子云:"众恶之,必察焉;众好之,必察焉。"[①]所有的人都厌恶一个人,不要轻易地相信,要认真地去考察,是这个人真的品质恶劣、能力

---

① 魏何晏、宋邢昺:《论语注疏》,北京大学出版社,2000年版,第245页。

低下，还是因为不阿众取荣，得罪了某些人？或是众人都贪污受贿，这个人自守清廉，不愿同流合污？如果所有人都喜欢一个人，也不要轻易相信，要认真地考察，是这个人真的德行高尚、能力超群，还是因为结党营私，搞小团体，赞誉的人接受了贿赂，才为他说好话？如果领导者喜欢用世人所赞誉的人，那很有可能得不到真正的贤士。看似举贤任贤，但是不得用贤之实，就会导致社会的混乱。对此，《群书治要·六韬》上有一段精辟的论述：如果领导者以世俗大众所称赞的人为贤德的智者，所毁谤的人是不肖之徒，那么，喜欢结党营私的人就会被举荐出来，不愿结党、党羽少的人就会被罢退。邪曲不正之人结党营私、排除异己，真正贤德之人就会被蒙蔽埋没。忠臣还会因"莫须有"的罪名被处死，奸邪小人以虚有的声誉取得领导之位。如此下去，世间的乱象就会愈来愈严重，国家也就免不了要危亡了。

总之，中国在几千年的历史发展中，对"任人唯贤，选贤与能"的重要性认识深刻，在识人辨贤方面累积了丰富的经验和方法，在选人用人方面形成了相对成熟的理论和制度，这些理论和实践仍然为新时代建设和完善中国特色社会主义的选人用人制度提供了可贵借鉴。

三、高薪养廉的保障制度

古人认为，一个人选择从政为官，就是选择了一项全心全意为人民服务、为国家奉献的高尚职业、高尚事业。这才是为官者备受人民尊敬爱戴的重要原因。所以孟子说："爵一，齿一，德一。"即要尊敬有爵位的人（领导者）；尊敬上了年纪的人，尊敬有德之人。因此，从国家招揽人才的角度而言，对于真正的人才，除了提供他们施展才华的舞台、发挥他们的才能以外，使他们富裕起来、受到尊敬，并给其良好的荣誉也是十分必要的。

《墨子》中记载：治国之人，都希望使国家富裕、人口众多、民心安定，但是却难以达成。这是什么原因？就是因为治国之人不能以"尚贤使能"的原则来办理政治，他们没有认识到，国家的贤良之士愈多，社会风气就愈淳厚。所以领导者的任务，就是要得到众多的贤才。但是如何才能得到众多的贤才？道理很简单，就像如果想让国家善于驾车、善于射箭的人愈来愈多，就要让这些人富裕起来、受到尊敬，并得到良好的声誉。因此，若想国泰民安，就要使贤德之人富裕起来，受人尊敬爱戴，让他们处于高贵的地位，受到赞誉，这样国家的贤德之士才会愈聚愈多。所以，古代圣王治国理政奉行这样一句话：不让不义的人富裕，不让不义的人尊贵，不亲爱不义之人，不接近不义之人。

《群书治要·韩诗外传》中记载：宋燕在齐国做宰相，结果被驱逐。回来之后，便招了门尉陈饶等26个人说："诸位大夫，有谁愿意和我一起去投奔其他诸侯国？"结果陈饶等人都趴在地上，无人应答。宋燕叹气道："太可悲了！为什么士大夫容易获得，但却难以使用？"陈饶回答说："并不是士大夫容易获得而难以使用，是您不能够正确地安抚他们。"宋燕问："此话怎讲？"陈饶说："您给士人的薪俸，只有三斗的黍稷，结果他们养家糊口都不够，但是您家的野鸭、大雁却有吃不完的粮食，这是您的第一个过失；您家果园种满了梨子、栗子，后宫妇女用这些果子互相投掷，但是士人却从未尝到过一颗，这是您的第二大过失；您家的绫罗绸缎、华丽的装饰在厅堂之上，随风而破败，但是士人却不能用它做衣服的绳边，这是您的第三个过失。钱财是君主您所轻视的，而生命是士人所重视的，您连自己所轻视的东西都不能付出，却希望士人能够付出他们所重视的东西。这就好比您制造的是软质而不锋利的铅刀，却希望它能像名剑干将那样锋利，岂不很难办到吗？"宋燕一听，便知道自己错了，他不能待人以仁，士人又何能与他共进退、

第三章 爵非德不授 禄非功不与——激励机制使人不必腐

同甘苦？所以尊敬贤才，给予其足够的俸禄，使其过上体面的生活是基本要求。

《群书治要·傅子》中说，"凡欲为治者，无不欲其吏之清也。不知所以致清而求其清，此犹淈其源，而望其流之洁也。"想要治理好国家的人，谁不希望官吏都很清廉？但是不知道怎样使官吏清廉，而一味地要求官吏清廉，这就如同搅浑了水源，却希望水流很清洁一样。至于如何使官员保持廉洁，《傅子》上做了一个比喻：即使像伯夷、叔齐这样廉洁的人，让他们任官做事，但是给他们的俸禄却很微薄，他们既不能养活自己，也难以奉养家人，结果必定会导致他们营取私利。从孝道而言，他们的做法无可厚非，因为骨肉之道不能亏失；但从国家法制的角度出发，营取私利又触犯了刑法。这样他们便会处于两难的境地，久而久之就会对君主滋生怨恨，怨恨心一产生，仁义的道理也就衰落了。

《群书治要·崔寔政论》对这种情况做了更形象的比喻：对于俸禄不足的官员而言，希求他们奉公执法，就像是"渴马守水""饿犬护肉"一样困难。即让饥渴的马守护水源，让饥饿的狗看护肥肉，若想让它们不越雷池，那几乎是不可能的。虽然世间存在着有傲骨、够清廉的人，但百中难觅其一。仅凭道德修养的约束，不能够使所有官员都洁身自好，圣王必须明白这个道理。因此，国家必须给官员丰厚的俸禄，以防止其不必要的贪心。贪心止住了，为官者便不会与百姓争利。历史上的晏子就是明显的例子。晏子做宰相时，他的俸禄足够养活五百家的人口；也就是说，他的俸禄对于维持自己及家人体面而有尊严的生活绰绰有余，因此他不必去贪污受贿、以权谋私。故而，首先要解决官员经济上的后顾之忧，才能使其心无旁骛，安心于本职工作，为国为民竭忠尽智。

《群书治要·袁子正书》也提出，假如官吏的俸禄很厚重，他们靠俸禄便可以奉养自己，就没有必要去与民争利。"无求于民，奸宄息矣"，如果对人民无所求，作奸犯科的行为就不太可能产生。而且在这种情况下，如果因贪污受贿失去官位，就会付出相当大的代价，得不偿失，官员也就不会轻易进行权钱交易了。

古人还强调，通过"高薪"达到"养廉"之目的，确实是很必要的。但是即使实行了高薪的制度，也不必然一定就能够实现廉洁的最终效果，还必须具备一定的前提条件。

首先，确立"爵非德不授，禄非功不与"（即爵位不授予没有德行的人，俸禄不给予没有功劳之人）的选人标准，确保所用之官为贤能之人。《群书治要·傅子》说："爵非德不授，禄非功不与。二教既立，则良士不敢以贱德受贵爵，劳臣不敢以微功受重禄，况无德无功，而敢虚干爵禄之制乎！"在古人看来，"富与贵是人之所欲也"，每个人都希望得到富贵的地位，这是人之常情。如何顺着人情引导人们正当地追求富贵的地位？在《傅子》中论述说：封爵授禄，是国家权力的根本，也是实现富贵的正路，不能不予以重视。既然如此，就应做到"无德的不授爵位，无功的不给俸禄"。这两条规矩确定了，贤良之士不敢以微德接受高贵的爵位，敬业的臣子不敢以微小功绩接受重禄，何况无德无功的人，怎敢以虚假追求爵位和俸禄？建立爵禄的原则既已确定，就一定要公开选用合适之人并予以重用。品德高尚、功劳大的人授予重爵高位，享受厚禄高官；德行浅薄、功劳少的人授予低爵小位，享有薄禄低官。

在《群书治要·墨子》中也讲了中国古代的这种激励机制，值得现在人汲取和借鉴："故古者圣王之为政，列德而尚贤，虽在农与工肆之人，有能则举之，高与之爵，重与之禄，任之以事。"古代的圣王办理政治，都是使有德的人列于其位，使贤能之人得到尊重，即使是农民和工匠、商人，只要有才能者，就被选拔举荐，给以高位、给以厚禄，委任以政事。这样做的目的是什么呢？"非为贤赐也，欲其事之成。故当以德就列，以官服事，以劳受赏，量功而分禄。"这并不是因为他有贤能便赏赐，而是想通过他们来成就事业，要想把事办成、要想建功立业就必须这样做。所以，应该凭德行归其位次，以官职为国家服务，论业绩进行奖赏，按功劳颁给俸禄。

"故官无常贵而民无恒贱，有能则举之，无能则下之，举公义，避私怨，故得士。"所以一位官员不会始终富贵，而下民也不会终生贫贱，有才能就会得到选拔荐举，无才能就会被免职，崇尚公义，消除私怨，避免私怨，这样才能获得贤士，获得德才兼备的人。得到贤才有什么好处呢？"得士则谋不困，体不劳，名立而功成，美章而恶不生。故尚贤者，政之本也。"君王得到贤才，则计谋不会穷尽，身体不会疲劳，名声树立而且功业成就，善名更加彰显而邪恶不会产生。因此说，尊重贤才，这是为政的根本。

为了确保将贤德之人选拔出来，从汉代开始就实行了"举孝廉"的人才选拔机制。地方官负责把具有孝廉质量之人举荐出来，作为官吏的候补，由国家培养。因为一个人孝敬父母，就会忠于国家；一个人廉洁，就没有贪心，不敢妄取钱财。而为了进一步引导地方官举荐公正，把真正具有孝廉质量的人举荐出来，而不是任人唯亲，徇私舞弊，还有一个制度加以保证，即《群书治要·傅子》上所说的，"进贤者为上赏，蔽贤者为上戮"。如果一个官员举荐的人才为国家建功立业，国家一定对举荐者给予最高的赏赐；相反，如果这个官员手下有人才他却不举荐，反而因嫉贤妒能把人才埋没了，一经发现，这位官员也会受到国家最高的惩罚。当然，如果这个官员所举荐的人做了祸国殃民的事，举荐者也要承担相应的责任。这样，就保证了德才兼备的人出任领导位置，而且还可以避免官员任人唯亲、不担当、不作为以及嫉贤妒能的行为。

其次，"除无事之位""并从容之官"，即精简机构，减少官员的数量。如果机构重叠、官员位置很多，导致很多官员人浮于事，在这种情况下还要增加官员的俸禄，就必然会加重人民百姓的负担，人民对"高薪"的举措就会产生不满。所以"高薪养廉"的另一个前提就是必须"少其吏"，也就是使官员的人数减少。

《群书治要·刘廙政论》中阐述："知重其禄而不知所以少其吏者，则竭而不足。"知道增加官员的俸禄，但是不知道精简官员的数量，就会使国家负担过重，财力就会空虚不足、入不敷出。所以必须精简人员，"使人当于事"。《群书治要·袁子正书》也记载，明智的君主设立官位，都是使人和事相称，不会让人浮于事。一方面，人和事相称，官吏数目减少，人民的数量就会增多，从事农业的人多了，物质基础就丰厚；另一方面官吏的数目减少，即使提高官员的薪俸标准，但整体所需的薪俸数目相对而言却是减少的，这样就不至于给人民造成过重的负担。《群书治要·魏志》也说："除无事之位，损不急之禄，止浮食之费，并从容之官，使官必有职，职任其事，事必受禄，禄代其耕，乃往古之常式，当今之所宜也。"撤除无事可干的职位，减省不急需的俸禄，停发不做事、白领俸禄之人的费用，撤并无事可做的官员。让每一位官员一定有职责，有职责均需承担事务，承担事务一定要接受俸禄，用俸禄代替耕作，这是古代的常规，也是当今社会应该采取的原则。

反之，如果不能精简机构、减少官员的数量，由于职位很多，官员数目庞大，人浮于事，结果官员的俸禄都很微薄，不足以维持自己及家人体面的生活。他们对自己的收入不满意，就可能出现贪污受贿、与民争利的现象。所以，只有精简官员，使人当于事，俸禄充足，官员不必与民争利，官员腐败还会付出很大的代价，他们就会珍惜职位并廉洁奉公，从而走向一个良性循环。

最后，提高官员的责任感和道德感，以尽其力。《群书治要·刘廙政论》指出："知少其吏，而不知所以尽其力者，则事繁而职阙。"知道增加官员的俸禄，也知道精减职位、减少官吏，但是如果不懂得如何使官员竭尽全力地尽好本分，事情就会繁多而显得职位短缺。所以在精简机构、减少官员数目的基础上，还要提高官员的责任感，让他们能够竭忠尽力、负责、高效地完成工作，这样才不致显得人手短缺，"高薪养廉"才能行得通。

在古人看来，高薪对于养廉是必要的，但是也同时看到"欲是深渊"，如果缺少道德教育，高薪不仅不会达到养廉的效果，还可能走向骄奢淫逸的反面。例如，《群书治要·文子》说："生而贵者骄，生而富者奢。故富贵不以明道自鉴，而能无为非者寡矣。"所以，在高薪的基础上，还必须加强对官员进行道德教育。因为虽然官员的数量减少了，但是如果官员的贪心很重，欲望没有止境，不知道节省财力物力，那么百姓竭尽全力也无法供养做官之人，结果仍会为人民带来沉重的负担，也会为自身招致灾祸。

四、尊贤使能的其他礼制措施

古人对贤者的尊重除了给予官员高薪之外，还包括其他诸多方面，下面列举一些常用的制度，从中可以体会中国古人为什么能够通过各种礼制措施实现了"贤者在位，能者在职"的目的，从而把德才兼备的人才吸引到官员队伍之中。

（一）开府库，出币帛；聘名士，礼贤者。

《礼记·月令》记载，季春三月，要开府库，出币帛；聘名士，礼贤者。"府库"是储藏币帛的地方；"币帛"是财币，缯帛的意思。"缯帛"，古人多用作馈赠的礼物。这一段是王者劝勉诸侯，使他们打开府库，取出币帛，聘问名士，礼接有德行的贤者。所谓的名士，指的是德行贞纯，道术通明，但是不愿意出来做官，隐居不在位的人。所谓的贤者，次于名士，也是隐者。因为名士优于贤者，所以在去聘问名士的时候，要加上币帛作礼物；对于贤者，仅仅表示礼敬就可以了。

圣王要治理天下，必须选拔德才兼备的人才。圣王自己修身有成，又能知人善任，使贤者在位，能者在职，就能垂拱而治。

前文讲过，在《晏子》中，把人才分为三个等级，那就是上、中、下。最上等的人是"难进而易退也"，最上等的人才，难以出来做官，难以被举进，但是特容易罢退，不做官。为什么呢？因为这样的人，他是与世无争，于人无求，他出来做官不做官，都不是为了自私自利，所以他没有所求的心。看到这个国君，确实是有德行，有愿望把国家治理好，使百姓安定，又对他礼敬有加，他才愿意出来辅佐。就像诸葛亮，要三顾茅庐，才能够把他请出来，这是最上等的人才。

对于上等的人才，采用竞争上岗的方式，很难选拔出来。古人明白这个道理，所以必须主动去访求聘问，这体现了对于隐居的名士和贤者的特别尊重。为什么呢？

在《孔子家语》中记载，孔子对曾子讲了"三至"，也就是最高的治理境界："至礼不让而天下治，至赏不费而天下之士悦，至乐无声而天下之民和。"至高的礼，不需要谦让就可以使得天下大治；至高的奖赏，不需耗费就可以使得天下之士喜悦；至高的音乐，不需要声音就可以使天下的民众都能和乐。如果明王认真推行"三至",就可以使得天下的君主都知道他的名声,天下的士人都成为他的臣子,天下的民众都为他使用。曾子就接着问:"敢问此意何谓也?"

孔子接着说:"古者明王必尽知天下良士之名。既知其名,又知其实。既知其实,然后因天下之爵以尊之,此之谓至礼不让而天下治;因天下之禄以富天下之士,此之谓至赏不费而天下之士悦。如此,则天下之名誉兴焉,此之谓至乐无声而天下之民和。故曰:所谓天下之至仁者,能合天下之至亲者也;所谓天下之至智者,能用天下之至和;所谓天下之至明者,能举天下之至贤。此三者咸通,然后可以征。是故仁者莫大于爱人,智者莫大于知贤,政者莫大于官能。有土之君,能修此三者,则四海之内供命而已矣。"在这里,实际上,孔子是给我们提出了一个四海之内,能够供奉、听命于一位君主的方法。

那么具体怎么做呢?他说:"古代贤明的君王一定是尽知天下贤良之士的声明。"也就是说,天下有哪些贤良之士,君主一定要心里有数,要知道他们的名字,"既知其声名",知道了他的名声,然后还要进一步了解,他是不是有真才实德;尽知他确实有真实德行之后,就要依照国家各种爵位的礼遇来尊重他,这就叫"至善的礼法不需要谦让就能使天下大治";凭借天下的俸给,使天下的贤良之士得以富裕,这就叫"至善的奖赏不需要花费便能使天下良士喜悦"。君主这样做之后,天下对美好德行的赞誉就会兴起,这就是"至善的音乐即使没有声响,也能使天下的百姓心地祥和,相处无争。"所以说,所谓天下最有仁德的人,就是能够融洽天下至亲关系的人;所谓天下最有智慧的人,就是能够任用天下最和谐的人;所谓天下最贤明的人,就是能够举荐天下最有德行的人。能够通晓以上三点的人,就可以征伐不义的诸侯。所以,天下最仁德的人莫过于关爱众人的人,天下最智慧的人莫过于知贤善任的人，天下最善执政的人莫过于能为贤者授官的人。那么作为一个拥有国土的君王，如果能够做到以上这三点，四海之内的人们就会供奉、遵命于他。

为了达到这样的至高治理境界，君主要主动求贤，才能够把真正贤德的人，招揽过来为自己所用，才能够垂拱而治。因此，古人设立制度，使王者主动访求、聘问隐居的名士和贤者。

（二）三载考绩，黜陟幽明

在《群书治要·尚书》中，记载着这样的考核制度，对于今天避免为官者的不担当，也有重要启发："三载考绩，三考，黜陟幽明。"三年对官员的政绩进行考核。考核之后，黜退昏愚的官员，晋升贤明的官员。如果这个官员有政绩，确实做得好，就要提拔；如果他昏庸、愚钝没有政绩，事情做不好，就要黜退。

这些选拔制度、激励制度、考核制度既保证了能够吸引德才兼备的精英之士从政为官，也保证了唯有德才兼备的忠义之士才能脱颖而出，在仕途上步步高升。如果不是能够担当、敢于负责的人，在这种考核制度、激励制度之下，就会被筛选罢退、淘汰。在实现中华民族伟大复兴的关键历史时期，需要一批敢于负责、勇于担当的领导干部。这就需要我们从优秀传统文化中汲取经验，借鉴中国古代任贤选能的历史智慧，把能干事、敢干事、会干事、干成事的领导干部选拔出来，为建设中国特色社会主义事业建功立业。

（三）爵人于朝，与士共之

《礼记·王制》记载："凡官民材，必先论之。论辨，然后使之；任事，然后爵之；位定，然后禄之。"论，即考其德行道艺。也就是

第三章　爵非德不授 禄非功不与——激励机制使人不必腐

说，凡是从庶民中选用人才为官，必须首先考察他的德行、道艺、才能，是不是一个德才兼备的人。辨，就是考问得其定也。评定了他的德行才能高下之后，就是经过考察，觉得他确实是有德行、有才能的人，这样才决定使用他。爵，是正其秩次的意思，即给他评定授予品位。使他担任一定的职事之后，如果他能够胜任，才正式授予他品位。这说明，古人授官非常谨慎。首先要考察候选人实有道德才能，虽然知道他确实有道德、有才能，但是还不知道他是否具备实际干事的能力。所以还要让他担任一定的职事，经过考察，他确实能够干得好，然后才授予他一定品位的官位。官位的品级确定了，就给予相应的俸禄。

以上是讲述如何选择贤才，并任以官职给予俸禄，后边就从爵人过渡到了刑人。"爵人于朝，与士共之；刑人于市，与众弃之。"这一段是从怎么样"爵人"，就是授予人爵位而涉及"刑人"，就是给人判刑。授予爵位是在朝廷之上，请士人共同来见证，这也体现了政务的公开、透明和公正，避免任人唯亲、结党营私，同时也是鼓励德才兼备的士人能够努力工作。因为有德有才的人就会被授予官爵、提升品位。处以刑罚时，要在公开场合进行，与大众共同废弃他，这是为了避免冤案，也对社会大众起到警示和告诫的作用。

总之，爵人、刑人，都必须公开进行。其中最重要的原因就是谨慎行事。特别是要授人以爵的时候，把人选拔到领导位置的时候，更是要慎之又慎。《孟子》中说，"惟仁者宜在高位，不仁而在高位，是播其恶于众也。"应该把那些有仁德之心的人选拔在领导的位置上。如果一个人没有仁德之心而高高在上，就等于把他的恶行播撒给广大的民众，因为"上行则下效"。所以一个领导干部的德行，关系到整个社会的风气，整个国家的道德风尚。

（四）刑不上大夫

"尊贤"还体现在"刑不上大夫"。为什么刑不上大夫呢？很多人说这是古人太讲等级观念了，大夫就是高级领导犯了错误、犯了罪，就可以不受处罚，这是官官相护，而一般老百姓却要依法惩办，这就是体现了"礼"的不平等。这实际上是对"礼不下庶人，刑不上大夫"这句话有所误解所致。

早在《孔子家语》中，就记载着冉有曾经去问孔夫子：从前的君王制定法律，规定"刑不上大夫"，就是刑罚不施加于处在上层的大夫；"礼不下庶人"，礼仪也不涉及下层的平民百姓。如果是这样的话，是不是大夫犯了罪，就不用施行刑罚，普通人办事，就可以不讲究礼仪了吗？由此可见，当时冉有对这一句话也有误解。孔子其实在当时就已经给予了很好的解答。他说，"不是这样的。大凡整治君子，都是要用礼义来引导他的心智，要从心上让他有知耻之心，是为了用廉洁知耻的节操来勉励他们。"所以为什么说要让士大夫讲礼呢？就是通过礼仪道德的教育，不仅仅要惩罚人的行为，而是要引导人的心智，让人有羞耻之心、廉洁之心，从根本上不愿意、不想去触犯法律，这是礼和法的一个很重要的区别。那么怎样培养起士大夫的廉耻之心呢？孔子接着讲：古代的大夫如果犯有贪污受贿罪而被罢免流放的，就给他们起了一个名字来避讳，叫"簠簋不饰"。簠簋都是古代的食器，也是用来放祭品的器皿。"簠簋不饰"，意思是礼器没有整置好。也就是说，即使他已经犯了贪污受贿的罪，要去被罢免流放了，都不直接说他犯了贪污受贿的罪，还要为他隐讳地称"簠簋不饰"，为什么呢？就是要保持他的羞耻之心。有犯淫乱、男女不别之罪的，就叫"帷薄不修"，就是帷幔和帘子没有修整；有犯欺骗君主、不忠诚之罪的，就叫"臣节未著"；有犯软弱无能、不胜任工作之罪的，叫"下官不职"；有犯了冒犯国家纲纪之罪的，就叫"行事不请"。这五个方面，其实对大夫都已经有既定的罪名了，但是还不忍心以斥责的语气直呼其罪名，而是为他们避讳，就是为了引起他们的羞愧和耻辱之心，使他们为自己的所作所为感觉到耻辱。

所以，大夫犯了罪之后，特别是这个罪刑是在五刑之内的，他们收到责罚通知之后，自己就会去主动请罪。怎么做呢？他们要戴上白色的帽子，系上氂牛毛绳，用盘盛盥洗之水，并且架上一把剑，前往宫廷自行请罪。国君也不需要派人去捉拿他、捆绑他。这是为了什么呢？给士大夫留面子，这就是体现了对贤人的一种尊敬，通过这种礼也是体现了君主的尊贤。

如果士大夫犯有重大罪行，听到责罚命令之后，就面向北方拜两次，然后跪地自杀。这就是说士大夫是很有羞耻之心的，当犯了重大的罪行，事发之后，他自己就感觉到惭愧、忏悔，朝着君主的位置，跪地拜两次就自裁了。国君也不需要派人押送、捆绑、斩杀他，并且说，"您大夫是自取其罪，我对您已经有礼了。"所以刑罚不施加于处上层的大夫，但是大夫也不会逃避应有的惩罚，这是靠教育才达到的效果。

为什么"礼不下庶人"呢？就是一般的平民，平常要忙于生计，急急忙忙地做事，不能够完满地实行礼仪，所以就不苛求他们完全按着礼仪行事。这是一种宽厚之心。

所以"礼不下庶人，刑不上大夫"，是因为古人对于士大夫，有着良好的礼仪道德的教化，所以这些大夫都有强烈的羞耻之心。他做错事败露之后，国家要责罚他，不需要去缉拿、捆绑、押解，他自己就知道错了，惭愧自裁，自己责罚自己。虽然"刑不上大夫"，但是大夫并没有逃避责罚。《礼记》中讲"道德仁义，非礼不成，"包括尊贤等"道德仁义",不借助"礼"在细微曲折之间体现出的教化作用,以及具体的行为规范,也就不能实现、成就。

(五)比殡不举乐

对于治国而言,尊贤是最重要的。"义"就应该从尊敬贤人来做起,怎么样体现对贤人的道义呢?对贤人的"义"也体现在葬礼中。

在《礼记·檀弓》中记载:知悼子是晋国的一个大夫,他过世了,还没有下葬,结果晋平公却喝起酒来,乐师旷还有近臣李调作陪,并且还敲钟奏乐,这都是不符合"礼"的。在《礼记·杂记》上记载:"君于卿大夫,比葬不食肉,比卒哭不举乐;为士,比殡不举乐。"即卿大夫过世了,国君一直到下葬那一天都不吃肉,一直到卒哭那天都不听音乐;士去世了,国君一直到入殡那一天不欣赏音乐。而知悼子这位大夫过世了,还没有下葬,晋平公就开始饮酒而且奏乐,是不符合"义""礼"的。

杜蒉是一位膳食官。他从外面回来,两阶一跨地进入庭堂。他倒了一杯酒给师旷说:"旷,把这杯酒给喝了。"这就是罚师旷喝酒。又倒了一杯酒说:"调,把这杯酒喝了。"就是又罚李调喝了一杯。然后他再倒上一杯,在堂上向北面坐着,朝向君主的方向,自己也喝下去了,就是自罚一杯。然后走下台阶,快步走了出去。

晋平公看了他的举动,觉得他这个举动很有深意,可能是有话要对他说,于是晋平公就把他喊了进来,说:"你为什么要把酒给旷喝呢?为什么要罚师旷喝这杯酒呢?"

杜蒉就回答了,他说:"甲子、乙卯是疾日,不能奏乐。"为什么呢?因为商纣王是在甲子这一天身亡的,而夏桀王是在乙卯日被放逐的。所以君王把这两天称为疾日,不可以奏乐,为的是引以为戒。"而知悼子的灵柩在堂,尚未出葬,这比遇上甲子、乙卯之日还严重得多。师旷是掌乐的太师,不把这些道理报告给您,所以罚他喝酒。"

晋平公又问:"你为什么要罚李调喝酒呢?"杜蒉说:"李调是您的近臣,为了一点吃喝,却忘了君主的禁忌,不能为君主分忧,不能够劝谏君主的过失,所以也罚他喝酒。"

"那你为什么还要自罚一杯呢?"

杜蒉回答说:"我不过是一个宰夫,不去拿着刀匕做菜,做我分内应该做的事,却敢于越职提醒二位,应该知道禁戒,这也是超出了我的本分,所以也应该自罚一杯。"

平公听了之后就说:"这样看来,我也有过错。"他"闻义则服",说明君主也了不起,听到人家说得有道理,就不再固执己见,马上就改正错误。他说:"我自己也犯有过失,请倒酒,也罚我饮一杯。"杜蒉洗过酒杯,将这个酒杯高举。

晋平公对侍者说:"即使将来我死了,也不准丢弃这个杯子。"为什么呢?"欲后世以为戒"。想把这个杯子留下来,让后世引以为戒。

直到今天,凡是献酒之后,再高举酒杯,这个动作叫"杜举",这是来自杜蒉。

所以,"义者,宜也,尊贤为大。"尊敬贤者,怎么体现呢?就是要通过这些具体的"礼"来体现。特别是君主通过履行这些具体的礼仪,体现出对贤者的尊敬。当然这个君主不是为了"礼"而礼,而是发自内心,表示对臣子的哀痛和感恩。

总之,中华优秀传统文化对如何使官员"不想腐"的论述深入而全面,从中我们不难体会,中国五千多年的文明发展史,累积了丰富的治国理政经验。正如习近平总书记在2014年中共中央政治局第十八次集体学习时的讲话中所强调:"历史是最好的老师。在漫长的历史进程中,中华民族创造了独树一帜的灿烂文化，积累了丰富的治国理政经验，其中既包括升平之世社会发展进步的成功经验，也有衰乱之世社会动荡的深刻教训。我国古代主张民惟邦本、政得其民、礼法合治、德主刑辅，为政之要莫先于得人、治国先治吏、为政以德、正己修身，居安思危、改易更化等等，这些都能给人们以重要启示。治理国家和社会，今天遇到的很多事情都可以在历史上找到影子，历史上发生过的很多事情也都可以做为今天的镜鉴。中国的今天是从中国的昨天和前天发展而来的。要治理好今天的中国，需要对我国历史和传统文化有深入了解，也需要对我国古代治国理政的探索和智慧进行积极总结。"

历史证明，中国传统政治是建立在伦理道德教育基础上的"圣贤政治"，所有的制度建设和改革，都是围绕着如何把人培养成为君子圣贤而设计；中华传统文化是一种重视伦理道德教育的圣贤文化，以净化人心、长善救失，培养圣贤君子为核心要务。忽视了伦理道德教育的制度改革，不仅无法挽救因人心堕落而出现的腐败问题，反而还会产生"法出而奸生，令下而诈起"的弊端；忽视了伦理道德教育的文化建设，不仅无从实现身心和谐、家庭和谐、社会和谐、世界和平的良好愿望，反而还会使人们的人生观、价值观严重扭曲，导致"上下交征利，而国危矣"的后患。因此，汲取中华优秀传统文化中的养廉思想，对于全面认识和实现"不想腐"、一体推进反腐倡廉工作、坚持全面从严治党具有重要借鉴和启示。

第四章

永畏惟罚 具严天威
——法律制度使人不敢腐

第四章　永畏惟罚　具严天威——法律制度使人不敢腐

法律作为国家制度体系中的一个重要维度，不仅能够为维持国家正常秩序和运作提供强有力的外部保障，同时也是人们得以安居乐业的先行条件。无论在传统社会抑或当今时代，法律自始至终都扮演着不可替代的角色，发挥着不可或缺的作用。中华法系源远流长，中华优秀传统法律文化蕴含丰富法治思想和深邃政治智慧，是中华文化的瑰宝。中华优秀传统法律文化中保留着大量关于不敢腐的资源，对于当今我们党一体推进"三不腐"能力和水平有着重要的镜鉴和指导意义。客观地看，中华法系的起源时间很早，法律的出现及其设置是伴随着先民生产活动的不断扩大而来的，如《管子·任法》中就说"故黄帝之治也，置法而不变，使民安其法者也"，其他典籍诸如《汉书》《淮南子》等也都将法律的起源追溯到了黄帝时期。

早在战国之际，商鞅就说过"法令者，民之命也，为治之本也"（《商君书·定分》）。可见，法律不仅是百姓得以生存的关键，同时也是有效治理天下的根本。如果要深入详细地认识到法律制度为什么使人不敢腐，就必须追溯法律在现实中的建置及其功用的问题。只有充分了解了法律的性质，才能真正对此问题有一彻底的解决。所谓"不敢"，就是以零容忍态度惩治腐败，有腐必反，有贪必肃，它旨在借助法律的制度化的优势维持、增强法律的刚性威慑能力，并通过外在的惩治规范使人们因畏惧制裁而不敢腐。简言之，就是通过惩治震慑、制度约束使人内心不敢升起贪腐之念，进而克服贪腐之欲，杜绝贪腐之行，做一个堂堂正正之人。从中华优秀传统法律文化的角度而言，"不敢"

当然首先意味着"永畏惟罚"(《尚书·吕刑》),即出于对法律惩罚的害怕,毕竟律法无情;但更深层次的原因恐怕在于"惟罚"背后的法律因天命神权而"具严天威",(《尚书·吕刑》)它由于负载着上天的意志而使得法律以现实的形式取得了超现实的能力。所以对法律的忌惮根本上是惧怕天威。这种独特的思维意味着人们对法律的敬畏也就同样以现实的形式取得了超现实的表达,非常富有特色。

一、具严天威:不敢腐的天命之源及其惩罚

从历史记载来看,中国法律以成文法的形式出现要追溯到商代,即"惟殷先人,有册有典"(《尚书·多士》),实际上也可以说中国古代早期法律制度的初步成型也始于商代,并且受到当时富有浓郁的天命思想的深刻影响。《荀子·正名》中就已经提到"刑名从商"。意思是说,与法律相关的专用术语的出现是自商代伊始的。而且就历史而言,商人无论在法律意识抑或法律制度方面,都十分突出,带有鲜明的天命因素,独特地赋予了法律以超越的色彩,从而造就了法律的绝对权力和威严,影响十分深远。关于这一方面内容,有大量的文献可以佐证。如《诗经·大雅·荡》所载:"匪上帝不时,殷不用旧。虽无老成人,尚有典刑"。朱熹把"典刑"解释为"旧法",也即是法律之意。可见商人早在那个时期就"已经建立起固定的法律",并且从文献可知他们甚至已经"注重利用法律维护自己的统治"。[①]但由于社会、历史等原因,此时的法律尚且没有明显的独立性,它内在地与当时的宗教、道德等观念交织在一起。

---

① 王宇信,徐义华:《商代国家与社会》,北京:中国社会科学出版社,2016年,第570页。

第四章　永畏惟罚　具严天威——法律制度使人不敢腐

此外，如《礼记·表记》中还记载到，"殷人尊神，率民以事神，先鬼而后礼，先罚而后赏"，这就从另一个侧面进一步揭示了殷人制法受到天命的内在影响，这也使得他们所制定的法律以多元化呈现的方式分有了《尚书·吕刑》中所说的"具严天威"。不过，从更为深层次的角度来看，强调法律制度使人不敢腐的核心根源就在于传统社会所塑造而成的天命威严的思想观念，它既是人世间一切的道德、律法的最终和根本性的起源，同时也人们遵照天命施以外在惩罚的绝对尺度所在。所谓不敢腐，最根本的就是不敢忤逆天威，其次才是法律本身的惩戒性。从中国法律的特质来看，在传统社会里，法律实际在很大程度上发挥着宗教以及道德的作用。宗教与天命有关，而道德与人伦相关，两者都是人们必须敬慎从事的。职是之故，对法律的敬畏实际上已经超出了法律本身，同时还包含着对天命的敬畏和对人伦的敬畏，这是了解古代法律制度必须要认识的一点。

（一）以天为法，以法定名分

中国历史上有文字的记载可以从商代算起，"法"字的出现也可以追溯到商代。不过古代的"法"字通常写作"灋"，《说文解字》解释为"灋，刑也……今省作法"。这就凸显了法与刑的内在联系。不过灋的原初含义尚有存疑之处，在时代的变迁中也多有演变。但这里只想追溯法的起源及其设立的初衷，以此来解读法的核心之用。在古人看来，法的设立乃是来源于天，即"以天为法"。为什么这么说呢？因为"天之行广而无私，其施厚而不德，其明久而不衰，故圣王法之。既以天为法，动作有为，必度于天。天之所欲则为之，天所不欲则止"（《墨子·法仪》）。这无疑就凸显了法的几个重要维度：无私、厚施、久用。人们既然要以天为法，就必然要在现实生活中遵循天道行事。

这是一个非常独特的关于法的认知起源，对中国古代法律的制度形成和精神塑造有着无以复加的重要价值。尽管从古典文献的比较对照来看，与"法"紧密关联的还有其他若干重要名词，如"刑""则""典""令""式""律"等，它们在古代都与"法"的含义有部分相通甚至相同之处，并且也确实承担着不同的功用。具体而言之，如《说文解字》中说"式，法也"。《周礼》说"以八则治都鄙"，郑玄注释"则，亦法也"，故而可通称为"法则"。令，《集韵》中将其解释为"律也，法也，告戒也"。足以说明早期对"法"的理解和解释是多元的，人们通过不同的形式去表达"法"的概念和含义。以现在的观点来看，这些不同的名词及其所代表含义都是整个法律制度的重要组成部分。但相较而言，与"法"关系最为密切的应该是"律"。据《汉书》所载，人们普遍认为"律"是黄帝后裔皋陶所造。从字义看，《尔雅》中说"法，常也""律，常也，法也"。《说文解字注》解释为"律者，所以范天下之不一二归于一"。凡此等等，皆足以说明律与法在意义上是相通的。《管子》更明白地说："法者，所以兴功惧暴也；律者，所以定分止争也；令者，所以令人知事也。法律政令者，黎民规矩绳墨也。"（《管子·七臣七主》）这即是我国古代"法律"二字连用的开始。

历史地看，"自汉以前，一切制度皆为法令；律之为义，则本于五音六律，盖取和平中正之意"。[①]吕思勉先生也说，"中国法律自秦以后始可确考"。[②]后来商鞅以《法经》为本，定《秦律》6篇，历史称之为"改法为律"，影响极其深远，后世王朝皆以律为名制定法典，著

---

① 靳麟：《中国法律史》，上海：三通书局，1941年，第2页。
② 吕思勉：《中国社会史》，上海：上海古籍出版社，2019年，第587页。

第四章 永畏惟罚 具严天威——法律制度使人不敢腐

名的如汉代《九章律》、唐代《唐律》、明代《大明律》、清代《大清律例》等，就是由此而来。但无论名词有多变，中国古代法律强调"以天为法"的根本原则始终如一。换言之，法的设立就是为了彰显天道、天命，所以古代还有另一种说法叫"代天立法"，本质也是一致的。但这就涉及一个核心的问题，即"名分"。向来人们认为名分是儒家的观念，但实际上并不准确。名分可谓是诸子百家所共同强调的一个观念，在不同学说那里所发挥的作用是一样的。只不过在古人眼里，法律所代表的是另一种维度上的名分，与道德意义上所强调的名分有着殊途同归的意义。

可以说，人们无时无刻不在与名分打交道。法律意义上的名分受到天命思想的深刻影响。辩证地看，名分因其德性和规范的内在统一而具有普遍之价值，上至一家一国，下至一人一身，都要将其作为思想和行动的正当性依据和理由。一旦违反了名分的规定，打破了既有的秩序，就必然会招致相应的惩治。如商鞅就曾举例子说，"一兔走，百人逐之，非以兔为可分以为百，由名之未定也。夫卖兔者满市，而盗不敢取，由名分已定也。故名分未定，尧舜禹汤且皆如鹜焉而逐之；名分已定，贪盗不取。"（《商君书·定分》）意思是说，一只野兔在奔跑，一百个人见到后都去捉它，并非是因为兔子可以分成百份，而是因为兔子的名分归属未定。市集上卖兔的人到处都是，但盗贼却不敢去取，是因为兔子的名分归属已定。因此，名分归属不定，连尧舜禹汤也会像野鸭一样去追逐它。如果名分归属已定，盗贼就不会去贪取。

也就是说，法律确定名分之后，就可以有效地避免冲突和纷争。社会上存在的争斗与不安，在很大程度上是由于名分未定。一旦从法律层面确立从国家到个人的客观准则和规范，那么人们就会各安其名，各守其分，从而确保社会秩序的稳定与和谐。"故圣人必为法令置官也，置吏也,为天下师,所以定名分也。名分定,则大诈贞信,巨盗愿悫,而各自治也。故夫名分定,势治之道也。名分不定,势乱之道也。"(《商君书·定分》)可以说,圣人一定会为法律的落地实施而选置官吏,使其为天下表率,其根本目的在于确定名分归属。名分归属既定,则无论是骗子盗贼抑或诚实良善之人,都能各自安守本分。由此可知,确定名分是实现有效治理之道,反之,名分不定就会造成动乱。可见,法律的设立本就是为了确定名分,这是其根本特质之一。

那么,名、分究竟意味着什么呢?按许慎《说文解字》的说法,"名"由"口"和"夕"两个字构成,"口"表示说话,"夕"表示傍晚,最初指的是人们在无法分辨彼此时通过说话来告诉别人自己是谁,也即常说的"名字之名"。推而广之,对不同事物的具体指称和描述都可以称之为"名",如"黄帝正名百物""先王……正名治物"。这两者指的都是用"名"来区分和界定不同的事物,简单地说,就是对事物自身性质的理解与确认。唐朝贾公彦在对儒家典籍《仪礼》作疏的时候还提到了"名"的另一层内涵,即"名号之名",它虽也是人或物的一个专称,但较之名字之"名"又多了德性的意思。

孔子曾说"唯器与名不可以假人"(《左传》成公二年)。这里的名,指的就是"名号之名"。这句话所讲的是,唯有礼器和名号不能假手于人,需要慎重对待。在儒家看来,"名"决定着礼法在治国利民中的独特内涵和作用,地位十分崇高,原因在于"名"已经把种种带有普遍规范性的"义"和"礼"等包括在其中了,而且越来越兼具引导性和塑造性的长远价值,一旦擅自改变就必然会造成混乱。可以说,谈"名"离不开"法"和"礼"等实质性的东西,否则就是本末倒置,不明先后,遮蔽了"名"之本义。

"分",《说文解字》解释为"别也。从八从刀,刀以分别物

第四章　永畏惟罚 具严天威——法律制度使人不敢腐

也"。意思是用刀来分别不同的物,最初表示一种动作行为,本身也没有特别的道德意义,后来才逐渐被赋予法治秩序的内涵。如荀子所说的,"无分者,人之大害也。有分者,天下之本利也。"(《荀子·富国》)分在这里指的就是定分,表示一种法治秩序上的限度。如果没有"定分",就会对人造成大害,反之则会有利于天下。这意味着"分"是作为一种尺度性的东西被认可和接受的,规范着世间的美恶、厚薄以及逸乐劬劳等。

与儒家相比,法家和杂家等在对"分"的解读和阐释中提出了较为明晰的要求,这即从"职分"的角度揭示出社会中的个人所应该具备的职责和义务,尤其是立足于政治伦理的层面。如《群书治要·管子》中说"明主……察于分职而不可乱",《群书治要·袁子正书》也讲"先王置官,各有分职,使各以其属"。这两者意思指的都是先王或明主在设立官职时,要详细审察其职官的本分而不能彼此淆乱,同样也都是从政事的角度对"分"在官员为政中的重要性的强调。从这个角度看,法律的设立及其运用也在于使人各行其宜,而不能恣意而为。

此外,杂家还给出了另一个层面的有益补充。《群书治要·尸子》中说,"君臣父子,上下长幼,贵贱亲疏皆得其分曰治"。也就是说,人伦中的几种重要关系只有在各得其分的情况下才能称之为"治",即实现安宁有序。换言之,就是要把"分"视为一种有效的道德规范的东西,并以此来衡量人际关系及其伦理秩序是否名副其实,各如其分。而"名"与"分"也正是在这种层面上实现了意义与价值的叠加,进而作为一个意涵丰富的观念延续下来,深入而普遍地影响着人们日常生活中的方方面面。

在"名分"日益确立其专有词汇的身份之后,"名"与"分"作为单独的名词仍然被广泛地使用着。"名分"几乎同时兼有了正名与定分双重内涵和意义，既指一种客观的事实描述，同时又传达着一种价值规范。如儒家常讲的君臣、父子、夫妇、长幼、朋友等五伦观念，就绝不再是一个单纯的客观事实描述，而是富有道德指向和法律规范的价值指称，而且价值要赋予事实以一种伦理道德上的理由和根据，并成为其正当性的源泉。一旦这种价值指称失去了内在的约束效力，就势必会导致人伦秩序的崩溃和解体。所以在这一方面，法律也以其强制性确保了五伦的权威。如古代有法律规定，"父母控子，即照所控办理，不必审讯"。①可谓是用法律的形式行使了道德的职能，并且维护了名分大义。

这可以从《论语》中获得明确的解释："齐景公问政于孔子。孔子对曰：'君君，臣臣，父父，子子'。公曰：'善哉！信如君不君，臣不臣，父不父，子不子，虽有粟，吾得而食诸？'""君君，臣臣，父父，子子"等叠声词，前一个字是名词性质，后一个则是动词性质，也可以说前者是事实描述，后者则是价值指称。孔子的意思是"君要像君的样子，臣要像臣的样子，父要像父的样子，子要像子的样子"。寓意君臣父子都要严格恪守其"名分"之道。这就是价值对事实的统摄和规定，是必须如此的道德规范，不能否定乃至违背。不然的话，君不像君，臣不像臣，父不像父，子不像子，即使有粟米，哪能吃得着呢？

从哲学层面来看，"名分"一词意味着既要"正名"，也要"定分"，既要解决名和分是什么的内在"实然性"问题，也要解决名和分如何实现的外在"应然性"问题。也就是说，名分不仅是一个概念的问题，更是一个实践的问题。既要在思想层面准确把握其内涵，更要在现实中按照名分的要求去行事。名分思想自春秋战国以来就在中国古代社

---

① 《清律例》二八。

第四章　永畏惟罚　具严天威——法律制度使人不敢腐

会扮演着不可替代的角色，发挥着不可或缺的作用。孔子和孟子分别从两个不同的方向指出了"名分"的重要性和必要性。子路问孔子为政首先应该如何做，孔子回答说："必也正名乎。"（《论语·子路》）如果名不正，就会随之造成诸如礼乐不兴、刑罚无度乃至百姓混乱的后果，可见正名的重要地位。这是从积极的角度对名分思想在国家治理层面的一种整体性的描述，"正名"内在地含括了"名"和"分"，就像孔子所告诫齐景公的那样。在这一点上，商鞅也指出，只要从法律上确定名分之后就必然会实现善治，反之亦然。

与孔子的答问异曲同工，在面对齐宣王问臣子是否可以弑杀君主的特殊情境之时，孟子则不惮于从另一个消极的层面指出名分的局限。"贼仁者谓之贼，贼义者谓之残，残贼之人谓之一夫。闻诛一夫纣矣，未闻弑君也"。（《孟子·梁惠王下》）在孟子看来，败坏仁德的人叫作贼，败坏道义的人叫作残，残贼这样的人称之为独夫。只听说独夫纣王被诛灭了，不曾听说君主被弑杀。可见，在孟子看来，如果人君不承担他所应有的"分"的责任与义务，那就谈不上"名"，怎么能说"弑君"呢？可见"分"相对于"名"而言更为本质。也就是说，正名之后还需要在定分的层面上予以一以贯之的落实。正如古人所指出的，"分之以其分，则万民不争。授之以其名，而万物自定。"（《黄帝四经·道原》）一旦相应的名分从法制的层面上确定下来，它就有了绝对的效力，人们也必须要遵守。道家的尹文子说"名定则物不竞，分明则私不行"，（《尹文子·大道上》）道理也是如此。

《尹文子》还讲到，"名者所以正尊卑"，即用"名"来区分上下尊卑。又说"名宜属彼，分宜属我……定此名分，则万事不乱也"，从彼我的角度界定了名与分的归属，实际上就是法律所讲的权利和义务的问题，只要各自分别清楚就能万事不相混乱了。司马光更进一步，指出

"何谓礼？纪纲是也。何谓分？君臣是也。何谓名？公侯卿大夫是也"（《资治通鉴·周纪一》）。这就从法治的层面愈加强调了名分的特殊指向性，并且实现了礼法的融合。

总的来说，法律注重名分体现的是在作为个体的人通过人性的自觉而把相应的价值规范体系具体化和内在化的一面；外在的方面则彰显为规范，指的是人们以社会文化的方式抽象概括而形成的普遍化和社会化的价值含义。这两者之间是整体一致的，同时涵摄内在和外在两个方面，也就表现为伦理美德和法律规范的统一，深刻地塑造了中国传统法律文化的特质。

（二）先王有服，恪谨天命

《论语·泰伯》中说夏禹"菲饮食而致孝乎鬼神，恶衣服而致美乎黻冕"，在古人的观念中，鬼神是不可欺也不敢欺的，不法的行为可以逃过人间责罚，却逃不过神明的鉴察。王乃是神意所属、天命所向，就如同《尚书·召诰》中所说的"有夏服天命"。墨子也说过"昔之圣王禹汤文武，兼爱天下之百姓，率以尊天事鬼"（《墨子·法仪》）。由此而来的人世间的一切立法、司法等活动也都要遵从自然天道。人王作为宗族的政治领袖，既是政治秩序的核心，同时也是宗教秩序的核心，"集政治与宗教权威于一身，兼具人王与法王双重资格"，①这显然与古人崇尚的天命观密不可分。具体而言，就是要彰显并突出法律的创设和建立是遵循天道的秩序，故而具有不可违逆性的天命威严色彩。一旦有人违法就要受到来自天道的惩罚，即"致天之罚"，而且这里的惩罚所传达的也是天道自然的规律，即天命。

---

① 张灏：《幽暗意识与时代探索》，广州：广东人民出版社，2016年，第72页。

第四章　永畏惟罚　具严天威——法律制度使人不敢腐

从现代的观点看，这种思想实际上折射出的正是法律追求的统一原则，也就是说法出一源，这是十分重要的一个原则。无论是儒家孔子追求的"天下有道，礼乐征伐自天子出"，（《论语·季氏》）抑或是墨家主张的"一同天下之义"，（《墨子·尚同上》）以及法家所强调的"法莫若一而固"，（《韩非子·解老》）都旨在说明法律的来源必须是独一的。唯有如此才能确保法律的威权色彩。天命、天道，就其独立而不二的来源而言，足以彰显法律的正当性。

《尚书·甘誓》中说"有扈氏威侮五行，怠弃三正，天用剿绝其命，今予惟恭行天之罚"。另外，如《尚书·吕刑》中说"苗民匪用命，制以刑。惟作五虐之刑与法"。可见天罚之出现，最早就是直接与天命相关的，不服从天命就要受到相应的惩治，所谓"有不由命者，然后俟之以刑"，（《史记·礼书》）先秦文献中多处出现的诸如"致天之罚""恭行天之罚""故有爽德，自上罚汝"（《尚书·盘庚》）等说法就是由此而来。它所表达的莫不是天命的绝对正当性，而对有扈氏、苗民施予的惩罚也完全是遵循天命之安排，因而也具有不可违逆性。乃至到了商代，他们剿灭夏朝遵循的也是同样的思想路径——"有夏多罪，天命殛之"（《尚书·汤誓》）。周人同样接受鬼神之存在，但并不视其为绝对的宗教权威，而是转而强调尊礼敬德。《尚书·召诰》说"其稽我古人之德，矧曰其有能稽谋自天"就从一个侧面否定了鬼神的绝对权威性。这种根植于自我德性的觉醒，不仅真正认识到"天惟丧殷"（《尚书·大诰》）、"天乃大命文王，殪戎殷，诞受厥命"（《尚书·康诰》）的根本所在，也找到了巩固维持天命的根本路径。即"王惟德用，和怿先后迷民，用怿先王受命。"[1]"王其德之用，祈

---

[1] 《尚书·召诰》，章太炎先生认为"次怿当作斁。《说文》：斁，一曰终也"。见诸祖耿整理《太炎先生尚书说》，北京：中华书局，2013年，第139页。

天永命。"(《尚书·召诰》)可以说,在周人那里,天命被赋予了"德"的色彩而实现了神权、法权与族权的统一,也即宗教、法律与伦理的统一。

事实上,在天命思想的绝对支配和普遍影响下,现实中所有的人事活动也必受到天命的统辖,也就是说都需要遵照天命的安排去行事。一言以蔽之,即《尚书·盘庚》中说的"先王有服,恪谨天命"。客观地看,这一时期的法律制度并非单纯地依据现实中人们的违法行为进行惩罚,而是"同时以这种行为遭到上帝或祖先的责罚为前提,即法律是执行神灵的意志,是以神的名义施行的。"①但何以见得这一切是来自神的名义呢?这就不得不追溯到当时的甲骨占卜了。在殷人那里,无论大事小情都要通过占卜以求其吉凶,人的主观意志自然也要服从天命威严。《诗经·周颂·我将》中就说"我其夙夜,畏天之威"。有学者所指出,"王和贵族们有疑难事情一定要求神问卜,烧灼龟甲或兽骨,看甲骨上裂痕(兆)的形状,借以'决定'吉凶"。②这可以从大量出土的甲骨文予以佐证。但就占卜而言,它本身在预决吉凶之外还承载着复杂且明确的社会功用。如《史记·龟策列传》中说"自古圣王将建国受命,兴动事业,何尝不宝卜筮以助善。"这乃是从积极的层面取描述卜筮之作用的。此外,如《礼记·曲礼上》中还记载到,"龟为卜,策为筮,卜筮者,先圣王之所以使民信时日、敬鬼神、畏法令也"。这就显然与"殷人尊神,率民以事神"(《礼记·表记》)的心理和事实相契合,而同时把"敬鬼神"和"畏法令"放在一起,也足以说明占卜本身

---

① 王宇信,徐义华《商代国家与社会》,北京:中国社会科学出版社,2016年,第572页。

② 侯外庐主编:《中国思想史纲》,上海:上海世纪出版集团,2008年,第23页。

第四章　永畏惟罚　具严天威——法律制度使人不敢腐

所兼具的宗教和法律效用。但何以卜筮能够使百姓"畏法令"呢？其根本原因恐怕就在于法令本身所具有的高出人的意志之上的绝对威严，它能够决定人的吉凶祸福。

具体到法律角度的"致天之罚"上来看，也有不少的例证。比如"贞执屯，王占曰：执"（《甲骨文合集》697反）。意思是说，要不要抓捕屯？王通过占卜，在确定天命允许之后才说去抓捕。它所凸显的正是天命威严的客观存在性和有效性，也可以说是天命在法律决断和实施中的重要地位。而统治阶级运用天命进行统治，自然也就把天命的威权色彩注入了国家的法律制度之中，自己也必须遵循此天威。这就是《尚书·洛诰》中说的"予不敢闭于天降威用"。这其中的关键即"德"的提出。周人尤其是周公创造性地用"德"解释了三代的朝代更迭与天命移易。简言之，唯有有"德"者才能受天明命。

正是在对"德"的认识上，周公对殷人丧失天命有了新的看法。殷人得天命是因为"自成汤至于帝乙，罔不明德恤祀"，所以才有"天丕建保乂有殷"（《尚书·多士》），可见明德、敬德与天命有着直接的联系。殷帝倘若能够明德，就不会导致"废元命，降致罚"（《尚书·多士》），他们之所以光有天下，就在于"不敢动用非德""用德彰厥善"。（《尚书·盘庚》）然成汤至于帝乙"今后嗣王……不明厥德"（《尚书·多士》），遂导致"旻天大降丧于殷""上帝不保"。（《尚书·多士》）君王有德与否成为受命享国的关键。"德"既然关系到天命的移易，因此就需要君王长久不断地修持，达到"不敢替厥义德，率惟谋从容德"（《尚书·立政》）之境地。这也是周公谆谆告诫周王唯有"王其疾敬德""德裕乃身"才能"不废在王命"[①]之用心

---

① 《尚书·康诰》，诸祖耿整理：《太炎先生尚书说》，第126页。

所在，而且也唯有"我道惟宁王德延，天不庸释于文王之命"（《尚书·君奭》）。

尽管如此，夏商两代数百年所积淀下来的思维观念也被周人潜移默化地继承了下来。如《尚书·多士》中说"尔殷遗多士，弗吊，旻天降丧于殷。我有周佑命，将天明威，致王罚…惟天明畏"。大意是在说，殷人不幸，上天降下丧亡之祸。我周人上配天命，上天赐予扬善惩恶之威权，行使王者之罚。所以要敬畏天威。尤其是"敬天威"多次出现在周人的思想里，被反复地强调乃至强化。昔日周成王将死，命召公和毕公辅佐康王，康王受命之后就说要"敬忌天威"（《尚书·顾命》）。而作为西周重要法典的《吕刑》也强调要"严敬天威"。凡此等等不一而足，可见在夏商周三代那里，天命始终是一个极具威权的存在，尽管越到最后天命所包含的内容越丰富，但无论如何，天命仍然代表着一种绝对尺度，没有任何尘世的东西可以凌驾在它之上。相反，天命既是解释一切的最终源头，也是裁断一切的最后准绳。而所谓法律的威严，也正是从此中而来的。

（三）文王作罚，刑兹无赦

历史地看，周公对"德"的强调及其在"德"的基础上对三代历史鼎革的阐释在思想史上是一个重要的转折点。它直接开启了一个不同于既往巫史传统的礼乐传统，这个新的礼乐传统以内向超越为特色的形态取代了巫史传统时代向外被动追求神意权威的形态。周公通过制礼作乐，"将上古祭祀祖先、沟通神明以指导人事的巫术礼仪，全面理性化和体制化，以作为社会秩序的规范准则"。[①]这个规范准则的支点无

---

① 李泽厚：《新版中国古代思想史》，第297页。

第四章 永畏惟罚 具严天威——法律制度使人不敢腐

疑就是"德"。它在内突出地表现为统治者要不断地自我"克敬",(《尚书·多士》《君奭》),"克念作圣",(《尚书·多方》)"克厥宅心""克俊有德"。(《尚书·立政》)即通过自我主动的自觉意识,"凸显出自己主体的积极性与理性作用",[①]在实现自我不断否定的基础上,进而逐渐塑造为可被认可的内在于君王的个人品德。在外则表现为礼,即履而行之,强调君王在"克敬"的基础上展现其具有普遍意义上之正当的道德行为规范。这种伦理规范日益超越了既往巫术礼仪的狭隘和局限,随着时代的推演,日渐成为一种具有一般意义的政治、社会准则,被吸收纳入礼乐精神的内核,用来理性化地治理国家。

与此相应,周人在宗法制度的基础上独特地强化了"先王"的概念。这个"先王"作为一个复数,是奉"文王"为尊的周王朝的早期开拓者和奠基者。在周人那里,文王既是一个客观的历史人物,带领周人克殷兴周,同时更是一个文化图腾,他所承负的"勤用明德"(《尚书·梓材》)日益成为周人治国安邦必须时时回溯的精神源头,乃至被冠以"文武之光训"(《尚书·顾命》)而被后世周王所推崇和继承。大量出土的西周文献尤其是青铜器铭文中,就曾多次出现"先王"二字,与《尚书》中的记载相互呼应。对周人而言,既然天命靡常可以随时更替,不能一味信守,作为统治者就要世世代代继承并发扬文王之德,祈求他的在天之灵降福,否则就会受到天威惩罚。另据《牧簋铭》所载,周王告诉其司法官吏说"唯先王作明刑用","先王"无疑就是《尚书·康诰》中明确说的"文王作罚,刑兹无赦"。先王能够认识并顺应天道自然的规律来制定刑罚,这就把法的正当性从上天那里转向了

[①] 徐复观:《中国人性论史》,北京:九州出版社,2014年,第22页。

人王，从而愈加凸显了人的意志和能力。

"敬天法祖"就是对此的绝佳描述。可以说，法的威权在天命和人伦两个层面实现了有机的统一。而这也就意味着，人们对法的敬畏实际上是包含着两个维度的，而且宗教和伦理始终构成了中国古代法律的底色。尽管在后世，法律的条文愈加详细繁密，法律的惩治也愈加周备，法律越发成为一种客观的社会规范，调节着人们的各种行为，人们看待法律也无须以特别的敬畏，但从历史来看，法律本身的严肃性和绝对性却始终都没有脱离天道和伦理的意味。如古人常说"五刑之属三千，而罪莫大于不孝"（《论语·孝经》），就已经很明白地描述了法的伦理意味。

此外，从历史文献可知，周人的"先王"观念是和"孝"的伦理密切联系在一起的。而且在周人那里，"德"与"孝"经常并举，如《诗经·大雅·卷阿》中就说"有孝有德"。另如《宗周钟》也说，"祖孝先王……降余多福，余孝孙三寿惟利"。很显然，"德"是对天而言，"孝"是对先王而言，既然两者经常拿来并举以告诫后人，实际上也表明了天道和伦理已然在周人先王那里实现了有机的统一，唯有如此，才能合理解释为何《尚书·文侯之命》中说要"追孝于前文人"了。无论是"惟文王德丕承"（《尚书·君奭》），抑或是要"仪刑文王"（《诗经·大雅·文王》），其本意都在于凸显先王作为祖先的神圣不可侵犯性，对先王的重视，也就实际上是对他顺应天道所开创的人文精神的重视。

《晏子春秋》曾记载过晏子的一段话，可视为一个很好的说明。齐景公曾命百官去楚巫居住的地方供斋问事，意在通过占卜以实现五帝明德，于是就问晏子此举可否。晏子则据以理性的精神予以否定并指出其不当之处，告知景公理应效法古之王者，从而避免受到巫之蛊惑。由

第四章 永畏惟罚 具严天威——法律制度使人不敢腐

此,颇可见巫之行事在春秋之际已多不为社会上的贤人所认可,这不正是周人的遗泽吗?这段启人深思的对话如下:

"致五帝以明寡人之德,神将降福于寡人,其有所济乎?"晏子曰:"君言过矣!古之王者,德厚足以安世,行广足以容众,诸侯戴之,以为君长,百姓归之,以为父母。……古者不慢行而繁祭,不轻身而恃巫。今政乱而行僻,而求五帝之明德也?弃贤而用巫,而求帝王之身也?夫民不苟德,神不苟降,君之帝王,不亦难乎!惜乎!君位之高,所论之卑。"(《晏子春秋·内篇谏上·景公欲使楚巫致五帝以明德晏子谏第十四》)

二、永畏惟罚:不敢腐的现实制裁及其劝诫

可以说,中国古代法律的根本特质早在夏商周三代之际就已铸就。一言以蔽之,就是天道、政治、道德威权的有机统一。但随着时代的发展和人类活动的日渐扩大,尤其是诸子学说的蜂起,中国古代法律才在不同的学说那里呈现出不同的面向和特色,其中尤以儒家和法家最具代表性。一般而言,儒家以"礼"为核心,倡导德治;而法家则以"法"为核心,追求法治,各自是其崇尚的治理天下的观念及原则。分而言之,礼与法自然各有所重,互有不同;但合而言之,在儒家、法家出现之前,礼法无疑又是融为一体的。尽管从后世的角度来看,秦汉以来中国以儒家治天下,但法家也扮演着重要的角色。事实上,早在汉宣帝之际他就直白地说"汉家自有制度,本以霸王道杂之。奈何纯任德教,用周政乎?"(《汉书·元帝纪》)从这个层面来看,后世法律制度的确立与施行,确实是同时受到儒家和法家的双重影响,也可简单地称之为

"礼法合一"。甚至还有学者提出"法律儒家化"的观点。当然，两者在现实中往往并不能完全地割裂开来，以致很多时候施以法律的惩罚还不得不考虑到现实道德人情，乃至天理、天良等超出法律之外的因素。而所谓不敢腐，也就必然是出于要顾及儒家"礼"的一面，毕竟"人而无礼胡不遄死"（《诗经·相鼠》）；同时也要顾忌到法家"法"的一面，毕竟"刑无等级"（《商君书·壹刑》）。

永畏惟罚，实际是表现在两个层面，第一个是对现实中施以的具体惩罚手段的畏惧，比如《汉书·刑法志》中说的"大刑用甲兵，其次用斧钺；中刑用刀具，其次用钻凿；薄刑用鞭扑。大者陈诸原野，小者致之市朝"。这些残酷的刑罚足以使人心生恐惧，不敢违逆法制。第二个则是对超越意义上的法律所负载的精神的畏惧，比如古人常说"立法设刑，动缘民情，而则天象地……刑罚威狱，以类天之震曜杀戮也"。（《汉书·刑法志》）这就是说，人们害怕受罚还源于对天地本身的敬畏。这两者实际上是相辅相成的，不过最根本的并不在于刑罚，而是让人敬畏天地。具体到不敢腐而言，如果看到因贪腐而受到如此严酷的刑罚，自然会震慑其心，使其不敢恣意造作。但就像人们常说的，惩罚并非只是在于惩罚本身，而是要通过这种方式劝诫人们注意自己的行为，不可触犯法律的红线，做一个奉公守法的好人。

（一）申严百刑，斩杀必当

从法律的设置及功用来看，它的存在确实在于以强制手段禁止人们从事非法的事情，给人们的身体、心灵都能带来强烈的震慑。在古人看来，"作刑以明威也""威之所制者广"（《汉书·刑法志》），它的设立本就是为了彰显国家制度绝对的威权。中国古人向来强调"以天为法"，故而遵循天道天命而设立法制，这可以从多个方面予以佐证。

第四章　永畏惟罚　具严天威——法律制度使人不敢腐

如《礼记·月令》就按照四时季节的运行而各定法制。具体而看，"孟春……命太史守典奉法，司天日月星辰之行，宿离不贷，毋失经纪，以初为常。……孟秋……命有司修法制，缮囹圄，具桎梏，禁止奸，慎罪邪，务搏执……戮有罪，严断刑"。凡此等等，都是将法制与天道相关联，并从中申明刑罚之理由与原则。可见法律制度的合理运行，从根本来看是符合天道运行的规则，是天命的一种外显。不过就法律意在惩罚的目的来看，还是要遵循"申严百刑，斩杀必当"（《礼记·月令》）的准则。唯有如此，才能威慑众生。

倘若更细言之，有关惩罚的刑法种类是非常多的。例如，最早相传皋陶制刑的"象以典刑，流宥五刑，鞭作官刑，扑作教刑，金作赎刑，眚灾肆赦，怙终贼刑"（《尚书·舜典》）。说明当时的刑罚相对已很完备，而且从重到轻都有相应的尺度。令据《左传》昭公十四年引《夏书》说："昏、墨、贼，杀。皋陶之刑也。"这里的"昏"指的是"己恶而略美"，就是说自己作恶却还掠取他人美名。墨，指的是贪得无厌，败坏官位。贼者，指的是杀人性命毫不忌讳。这三种行为都是要处以死刑的。更为关键的是，这三种罪行大都是针对当时的官僚贵族阶层，是对官吏本身的行为约束。尽管客观地看，三代的法律主要针对的对象是诸侯、方国以及奴隶，但并不意味着普通民众便可以置身事外，他们同样要受到法律的制裁，而且这种制裁要显得更为威严、可怖，不可抵抗。如《尚书·汤誓》中说"尔不从誓言，予则孥戮汝，罔有攸赦"。

当然，如果说这些表达是从意识或心灵上给予人们以震慑，告诫他们法律惩罚的绝对与必然；那么由此而来的具体惩治手段则进一步将此天命以可视的方式呈现出来，从而进一步凸显了"天威"的可怕，加强了人们不敢对抗天命的心理认知。如甲骨记载的"贞执屯，王占曰：

执"（《甲骨文合集》697反）。"执"的表面意思是"抓捕"，但在甲骨文中则象征拘首于笼内。还有学者指出这种刑法的残酷性，"头被夹在相枷内，手被拳在手梏中，引颈躬身，受尽折磨。"①

总的来说，越到以后刑罚的种类越多，条则越细。如到了秦代，法律规定的惩罚可谓分为笞、杖、徒、流放、肉、死、羞辱、经济和株连等九类，其中前六种相当于现代社会的主刑，后三类则类似于附加刑。尽管于后世相比，秦代的法律制度并不算特别完备，但已经用来足以治理社会了。随着汉文帝下诏废除肉刑，法律规定的刑制也进行了调整，大方向是趋于宽缓。如本应割去鼻子，就改为鞭打三百下。本应斩掉左脚趾的，改为鞭打五百下。凡此等等，基本上改了旧有的五刑制度。不过以鞭打代替割鼻、斩脚趾后，受刑之人大多都因此而死去了。所以到了汉景帝的时候，又多次下诏改鞭打五百为三百，三百减为两百，这些都足以说明刑罚对罪人的严酷。到了明清，刑罚种类更是繁多，而且也比此前更为严酷，并且复活了大量肉刑，以用来震慑人心，维护统治。如明太祖恢复了枭首示众之行，并且另造了诸如"剥皮实草""戮尸"等刑罚，明成祖朱棣还开创了诛十族的先河。另如充军、发遣等，也都是明清以来的常用之刑，相较而言确实比此前要严重得多。尽管论刑之际会受到一些私意的影响，但从本质上来说，刑的本意就在于"功有不当，必行其罪，以穷其情"（《礼记·月令》）。

客观地看，无论是我国上古时期，抑或是明清之际的刑罚，就其作为实现统治的重要手段而言，其性质是不变的，都旨在表明刑罚的合理性与正当性。历代都倡导为政以德，其中法律对于确保官员的清正廉明发挥了重要作用。

---

① 齐文心：《殷代的奴隶监狱和奴隶暴动》，《中国史研究》，1979年第1期。

第四章　永畏惟罚　具严天威——法律制度使人不敢腐

凡是受到刑法惩治之人，他们都被看作是"非人也。君子不近刑人，近刑人则轻死之道也"（《公羊传》襄公二十九年）。由此可见对"受刑之人"的负面看法是十分明显的，他们的地位也必然低下。《礼记·王制》中还记载到，"刑人于市，与众弃之，是故公家不畜刑人，大夫不养，士遇之涂弗与言也。屏之四方唯其所之，不及以政，示弗故生也"。其意思是说，把受刑之人在公开场合予以法律惩治，这样既有力地震慑了普通社会人员，达到了以儆效尤的结果，同时也割断了既有阶层和刑人之间的故有联系，从而使刑人彻底丧失其作为正常人的资格。可见，这种惩治措施是具有震慑作用的。他们不仅受到了身体的摧残，心灵上也遭到重击，而且较之于肉体折磨更难以启齿。但对于统治者而言，唯有如此，一个稳定有序的社会才得以维持屏正常运转。即使后世看起来较为轻缓的惩罚，如折杖法、刺配、枷号等，也给人以耻辱的感受，这就是法律制度中的耻辱刑。如宋太祖为了减少重刑的使用，初次创立折杖法。具体方式是，把笞刑、杖刑改为臀杖，流放的刑罚改为脊杖，并在本地服役一年，等等。其目的在于"流罪得免徙，徒罪得免役年，笞杖得减决数"（《宋史·刑法志》）。一言以蔽之，就是要减轻刑罚。但事实上却适得其反。"良民偶有抵冒，致上肢体，为终身之辱；愚玩之徒，虽一时创通，而终无愧耻。"（《宋史·刑法志》）可见，对于良民而言，一旦受刑就会终生背负其辱，带来严重的创伤。但对于那些顽劣之人而言，虽受一时杖责之痛，却始终不以为耻。再如清代创立的"枷号"，在枷锁上写明犯人的姓名、罪状等，使犯人身戴枷锁示众，其目的就在于使犯人感到羞耻。

无论如何，种种刑罚的设置，其目的是非常明确的，通过这些法律制度的设置，使人们心生忌惮畏惧，不敢去冒犯法律，从而维持一个安定有序的社会秩序。主刑、附加刑、耻辱刑等体系化配置，实现了惩罚从肉体到心灵的全覆盖，应该说是严苛的。以死刑为例，在当今全球流行废除死刑的大背景下，我国依然对此持反对意见，将死刑保留，这就与古代"刑"的意思相近。事实上，早在20世纪80年代的时候，邓小平就说过，"死刑不可废除，有些罪犯就是要判死刑""对严重的经济罪犯、刑事罪犯，总要依法杀一些。现在总的表现是手软。判死刑也是一种必不可少的教育手段"（邓小平《在中央政治局常委会上的讲话》1986年1月17日）。我国目前实施"保留死刑，严格控制和慎重适用死刑"的政策，就是为了震慑穷凶极恶的犯罪分子，保护更多人的基本人权。自从2007年最高法统一行使死刑案件核准以来，我国人民法院牢固树立惩罚犯罪与保障人权并重的理念，更加注重准确把握宽严相济的刑事政策，并不断出台相关的司法解释和规范性文件，就是为了进一步严格、统一死刑适用的法律政策标准，从而在确保死刑案件审判质量的基础上，维护社会稳定，促进社会和谐。

当然从另一个层面看，它所起到的警示、劝诫作用也是十分显著的。东汉陈宠说"礼之所去，刑之所取。失礼则入刑，相为表里者也"（《后汉书·陈宠传》）。可见，刑罚的设置固然是为了惩治不法，但它毕竟是礼义所不取的。倘若人们都能依礼而行，又如何会受刑呢？史载"成康之际天下安宁，刑错四十余年不用"（《史记·周本纪》），不正是礼的功用吗？

此外还要认识到，刑罚不能加无罪，邪枉不能胜正人，这是我国古代法治精神的一种重要展现，既有着深厚的历史底蕴，也有着长远的镜鉴意义。从传统文化的特质来看，它不仅契合了法的精神，同时也是礼的精神的一种集中表达，从而与古代"礼法"一词有着深刻的意义关联，在历史上有着深远的影响，充分反映了古人的法治理念，即使在今天看来，也有着鲜明的警示价值。当前，我国正处于全面推进建设社会

第四章 永畏惟罚 具严天威——法律制度使人不敢腐

主义法治国家的进程中，坚持严格依法办事，保证有法必依、执法必严、违法必究是社会主义法治原则的基本要求，也是衡量我们执法成效的基本标准。就我国目前所处的环境而言，要有效遏制违法犯罪事件的高发态势，既要毫不动摇地坚持有法必依，严加惩治一切违法之事；更要执法必严，确保执法程序的公开透明、规范严密，严格避免冤假错案的发生和出现。

"刑法不能加无罪，邪枉不能胜正人"，在新时代背景下的意义就在于警示我们在依法治国的过程中，要牢记邪不压正的古训，切忌执法不规范、不公正和不文明，一定坚守社会主义法治原则，不可败坏党和政府的形象，损害国家法律的尊严和权威。坚持全面依法治国，是我国特色社会主义国家制度和国家治理体系的显著优势。党的十八届四中全会明确提出全面推进依法治国的总目标是建设中国特色社会主义法治体系、建设社会主义法治国家。在这个伟大进程中，我们党提出要加快法治领域改革，努力确保人民群众都能在每一项法律制度、每一个执法决定、每一宗司法案件中都能真切地感受到公平正义的目标，因此，决不允许滥用权力侵犯人民群众的合法权益，更不允许知法犯法造成冤假错案。唐代吴兢编撰的《贞观政要》中说"理国要道，在于公平正直"，习近平总书记在中央政法工作会议上引用这句话，用来强调促进社会公平正义是政法工作的核心价值追求，司法机关是维护社会公平正义的最后一道防线，要让群众切实感受到公平正义就在身边，决不允许那些滥用权力、违法侵犯群众合法权益的事情出现。习近平总书记也多次对党员干部说要多读点历史，习近平总书记在《领导干部要读点历史》中指出，"中国的史籍书林中蕴含着十分丰富的治国理政的历史经验，其中包含着许多涉及对国家、社会、民族及个人的成与败、兴与衰、安与危、正与邪、荣与辱、义与利、廉与贪等等方面的经验与教训"。广大党员干部一定要平时多照历史的镜子，切忌不学无术。在面对公和私、是与非、正与邪时，一定要坚信正义必将战胜邪恶，牢记对党和人民的忠诚，从而继续沿着正确的道路奋勇前进。

（二）诘诛暴慢，以明好恶

尽管法的出现及法律制度的不断完备是为了惩治不法，"诘诛暴慢"（《礼记·月令》），但从历史上看，这并非法的全部意义，尤其不是古人本意。常言说，上天有好生之德，法的设置还有着十分明显的劝诫之警示作用，即"以明好恶"（《礼记·月令》）。这是常为人所忽视的一个方面，非常有必要加以申明解读。在古人看来，"昔者先王因人之知畏而作刑，因人之知耻而作法。畏也、耻也，五性之良知，七情之大闲也。是故，刑以治已然，法以禁未然，畏以处小人，耻以遇君子。君子知耻，小人知畏，天下平矣！是故先王养其威而用之，畏可以教爱。慎其法而行之，耻可以立廉。爱以兴仁，廉以兴义，仁义兴，刑法不几于措乎？"（《金史·卷四十五》）

这精辟地解释了刑与法的本意，以及它所发挥的不同功用。对于君子和小人而言，各有相应的对治之法。无论是使人知畏惧而设刑，抑或是使人知耻辱而设法，畏惧、耻辱都是人性中的良知呈现，都是可以发挥积极作用的。"养其威而用之"，是说君王在现实的治国理政中必须树立并保持刑、法的威严，从而使那些小人因为心有所畏惧而不敢胡作非为。"畏可以教爱"则指的是通过刑、法的威严使得那些小人懂得爱惜自己的身体，免于受到刀斧之害。"慎其法而行之"，是说现实中要慎重制法、用法，使君子时时处处存有不可受辱的念头，免遭人耻笑。"耻可以立廉"指的是通过自己的自我约束，也即"克己复礼"可以远耻辱，知道如何按道义行事，有节操不苟取。孔子说"知耻而后勇"

第四章 永畏惟罚 具严天威——法律制度使人不敢腐

(《中庸》),孟子说"顽夫廉"(《孟子·万章下》),其本义就是通过内在的道德激励,遵照仁义的要求,使君子知耻,小人知畏,以避免刑、法的外在制裁。刑在古代的作用是惩治小人而不是君子,所以说刑不上大夫。法在古代的作用则体现在使君子知耻,并不能使小人知耻,所以刑以治小人,不能治君子。两者各有所重,不可偏废。至于文中说的"爱以兴仁,廉以兴义,仁义兴,刑法不几于措乎",就明显从法家回归到儒家,强调了仁义相对于刑、法的根本性。

刑、法两者在古人的政治理念中居于重要的地位,尤其被法家视为是治理国家的两个重要原则。尽管儒家强调为政必须讲求仁义,但并不意味着儒家对刑、法就置之不顾。孔子就说过"道之以政,齐之以刑,民免而无耻。道之以德,齐之以礼,有耻且格"(《论语·为政》)。很显然,对刑、法的强调必须首先认识到礼的重要性,可以说,礼是第一位,刑、法等而次之。过分依赖刑、法的作用,势必会导致司马谈所说的法家"严而少恩"(司马谈《论六家要旨》)的后果。因此,将刑、法托之于先王是根据人们"知畏而作刑,知耻而作法"的心思而制定的,乃是"可以行一时之计,而不可长用也"。这也是历来儒家批判法家的根本原因所在。历史上商鞅、韩非子的例子不是已经很能说明问题吗?更何况,刑治已然,法禁未然,两者并不足以使君子知耻,使小人知畏。孔子说的"免而无耻"就是此意。只有从历史经验中汲取教训,倡导德礼并用,严格控制刑、法,进而格去内心之非,才能知耻而有所为有所不为。

史载金世宗想为东宫太子建立新的宫殿,被孟浩劝谏罢止。孟浩认为太子兼有人臣之义,不应当与作为至尊的皇帝规制相同,要示以俭德。于是便作罢新建宫殿之意,并告诫太子要效法汉文帝的淳朴节俭,群臣也要向孟浩学习他的公正敢言。进而金世宗谈及女真风俗的今昔不同，以及帝王起居注应该如实记录，指出史书俱在，乃是为了劝善惩恶，不可轻忽。孟浩就劝谏金世宗说，"今凡赏功罚罪，皆具事状颁告之，使君子知劝以迁善，小人知惧以自警"（《金史孟浩传》）。意思是说，之所以皇帝的起居要如实记述于书册并让帝王知晓，是想让帝王多做善举而惩治恶行。赏罚不明而妄图治好国家，这是闻所未闻的。历史上明载赏善罚恶的事也很多，却不为人知，这种现象是应该改变一下的。

在古人看来，赏罚明确、得当对于一个国家的有效治理有着重要的警示乃至劝诫意义。从古至今，赏罚不明却能实现良好治理的事情从未有过。对于作为历史大国的中国而言，奖赏善人善事，惩治恶人恶事，往古来今有很多记述，但却并未为天下人尽知。孟浩说："自今凡赏功罚罪，皆具事状颁告之，使君子知劝以迁善，小人知惧以自警。"意思是说自今以后，凡是奖赏功勋、惩罚罪愆的事情都要将其详细写出张榜告示天下，而不能再像以前一样不为人知，一方面能够使君子再加劝勉不断行善，另一方面也使小人能够心生恐惧而有所警示。其本质也是希望能以上化下，积极引导社会风气。

赏善罚恶无论对于过去还是对于当今的国家治理都有着重要的借鉴和启示意义。中国古人关于赏善惩恶的格言名句和历史事迹数不胜数，文献俱在，皆可勘验。一言以蔽之，"历古以来，不明赏罚而能治者，未之闻也"，可见赏罚对于治国理政的重要意义。但事实上，"国家赏善罚恶，盖亦多矣，而天下莫能知"，很多时候国家的赏善罚恶并没有广为天下所知，因而也就失去了化民成俗的积极功效，导致百姓既不知作善有赏，作恶有罚，更不知道什么才是真正的善，什么是真正的恶。因此，对于善恶的赏罚一定要公开透明，就如管子所说的，"明赏不费，明刑不暴，赏罚明则德之至者也，故先王贵明"（《管子·枢

第四章 永畏惟罚 具严天威——法律制度使人不敢腐

言》）。这就是说一定要将赏罚明示，赏罚明本身就是一种至德。这也可以视为法律所发挥的道德作用。

用现代话语来讲，刑、法不同于如今的政策、条令，它不仅具有普遍性和一般性，而且具有制度刚性。这种制度刚性使得任何触碰刑、法之人都必然会受到相应的制裁。只不过古人所说的刑多数指的是会对身体带来残害的惩治措施，在当今社会已经很少有古代的那种用刑情况。法在古今的含义则并未有很大的改变，但它的本意在古代还有防患于未然的倾向，所以有礼法的习惯说法。又如，《左传·昭公二十年》中说："政宽则民慢，慢则纠之以猛，猛则民残，残则施之以宽。宽以济猛，猛以济宽，政是以和。"宽即爱惠，猛即威刑。这两者是相辅相成的。此外，也还要分清楚两者所针对的不同对象和主体，不然就容易造成民怨沸腾。就像《陈书·武帝本纪》所说"爱惠以抚孤贫，威刑以御强猾"，对于孤贫无依之人，要施以爱惠，保护他们不受伤害；而对于那些奸猾暴强之人，则要加之以严厉的刑罚。不过，从另一个层面来说，孔子曾告诫过人们既不可一味地仁慈，也不可一味地用威刑。因为"道之以政，齐之以刑，民免而无耻。道之以德，齐之以礼，有耻且格"。威刑能使人免于受罪不被惩罚，却没有廉耻之心，将来仍不免会重犯。只有用道德和礼义去引导和归化百姓，才能使他们有廉耻之心并且心悦诚服地来归附。

《左传·襄公二十六年》载"善为国者，赏不僭而刑不滥。赏僭，则惧及淫人；刑滥则惧及善人。若不幸而过，宁僭无滥"。这句话在后来也有了其他相近的表达，如《荀子·致仕》中说"赏僭则利及小人，刑滥则害及君子。若不幸而过，宁僭无滥"。失，即过，不合中道的意思。僭，超过限度。滥，不加节制。"不幸而失，宁僭不滥。僭则失罪人，滥乃害善人"的意思是，不幸犯有过失，宁可越过限度也不可不加节制。越过限度会遗漏罪人，而不加节制则会伤害到善人，其本质则是要求取中道而行之。不幸而失，宁僭不滥。僭则失罪人，滥乃害善人，从文中来看是谈及刑罚尺度和标准，所要表达的是刑罚得当的问题。但从本质上来看，这里谈到的恰恰是哲学层面过与不及、德主刑辅方面涉及传统文化中国家治理核心理念的问题。这也可以从现代世界的法理学角度来说，就是要疑罪从无和无罪待定，在证据不足的时候宁肯放过一个坏人，也不可冤枉一个好人，这就是程序正义的关键所在，它能够最大限度地确保社会和民众得到公正。

这就像《左传·隐公六年》中说的"善不可失，恶不可长"。治理国家的人见到恶的人或事，一定要像农夫除去杂草一样，将其连根斩断，不再让它滋生繁殖，这样善人就会居其位如草上之风，"举直错诸枉，则枉者直"，从而发挥最大的作用。这就要求人们不可"求人之失，虽小而可恕，谓重如泰山；身行不义，虽入大恶，谓轻于鸿毛"。（《辽史本纪·耶律阿保机上》）"求人之失，虽小而可恕，谓重如泰山"，指的是过于挑剔他人的过失，尽管这些过失看起来很小，也可以宽恕，但却视其为重于泰山般的大错。"身行不义，虽入大恶，谓轻于鸿毛"，指的是自己做了不义之事，即使已经是大恶，但却自认为轻于鸿毛，不值一提。这里实际上描述的是宽以待己、严于律人的现象，也即古人所说的见人恶不知己恶的道理。辽太祖耶律阿保机说此话就是为善去恶之意。

中国古人向来有小善亲力亲为，小恶防微杜渐的思想，其本质即是儒家所强调的修身。从现实来看，"人孰无过。过而能改，善莫大焉"（《左传·宣公二年》），儒家向来以忠恕之道待人，忠，即己欲立而立人，己欲达而达人；恕，即己所不欲，勿施于人。用浅显的话来说，就是要对于别人的过失尽力宽恕和包容，而对那些有违社会上普遍认可

第四章 永畏惟罚 具严天威——法律制度使人不敢腐

的伦理道德则予以严加惩处，以免败坏风俗，危害社会，尤其是强调在待人接物、安身立命之时奉行宽以待人、严于律己的准则，告诫自己不可放逸、宽纵自己。韩愈说："古之君子，其责己也重以周，其待人也轻以约。重以周，故不怠；轻以约，故人乐为善。"（韩愈《原毁》）这里所要表达的也是宽人严己的意思。我国古代著名的名言汇集《格言联璧》中也说，"持己当从无过中求过，待人当于有过中求无过"，同样是要严于律己、宽以待人的意思。

古人常说勿谓小善为无益而弗为，小恶为无伤而弗去。小与大是相对的，善与恶却是绝对的。对于为政者而言，善恶之行并不总是表现为一些惊天动地的大事，反而总是体现在现实生活中的琐碎小事之中。从现实来看，一旦有小善而不为的心态，就势必会随之养成小恶而不改的习气，从而最终酿成大祸。小善不为，小恶不改，也势必会积小成大，危害整个社会风气，甚至损害社会和国家的利益，包括影响整个民族的未来和中国梦的实现。从这个意义上说，广大党员干部一定要有防微杜渐的警醒意识，时时处处反思自己的言行，警惕出现温水煮青蛙的现象。古人说，千里长堤溃于蚁穴，也说合抱之木生于毫末，就是看到了事物背后积小成大、积少成多的趋势。如果认识不到这一点，必然会因小失大、事与愿违。要"积小善为大善，善莫大焉"，就是要从"赠人玫瑰、手有余香"中感受善的力量，进而养成良好的社会风气，引领人们创造美好的生活。

从目前来看，我国特色社会主义现代化事业正处于发展的战略机遇期，社会矛盾也处于凸显期，处于这样的历史节点，我们顺利实现了全面建成小康社会的第一个百年奋斗目标，并乘势向着开启全面建设社会主义现代化国家新征程以及奋力实现第二个百年奋斗目标进军。在这爬坡迈坎的关键阶段，最考验党和中国人民的就是决心和耐心。作为新时代的党员干部，不能老是把"大字诀"挂在嘴边，放在心里，满脑子想的都是大的事业、大的构想，甚至想要做的都是大的决策、大的布局，反而对于发生在身边虽小但关键的事情不屑一顾。群众利益无小事，广大党员干部在站位高远、统筹大局的同时还要善于从小事做起，甘当垫脚石、螺丝钉，由小见大，以小为大。不然的话，就很可能造成小事一件不想干，大事一件没干成的可笑结局。因此，在锚定大方向、大战略不变的前提下，必须要踏踏实实有一个问题解决一个问题，一步一个脚印地往前迈进，遇到身边善事虽小而为之，恶事虽小而戒之，积小胜为大胜，以量变求质变，从而避免吃大亏、栽大跟头。

习近平总书记指出，"依法治国，首先是依宪治国；依法执政，关键是依宪执政，党领导人民制定宪法和法律，党自身必须在宪法和法律范围内活动，真正做到党领导立法、保证执法、带头守法"（习近平《在首都各界纪念现行宪法公布实施30周年大会上的讲话》）。俗话说，法治兴则民族兴，法治强则国家强。当前，我国正处在实现中华民族伟大复兴的关键时期，改革发展稳定任务异常艰巨，对外的改革开放也到了深入推进的阶段，这就尤其"需要更好地发挥法治固根本、稳预期、利长远的作用"（习近平《坚持走中国特色社会主义法治道路　更好推进中国特色社会主义法治体系建设》）。因此，我们党要切实履行好执政兴国的重大职责，必须依据党章从严治党、依据宪法治国理政，牢牢树立宪法和法律的威严，维护社会主义法制的统一和尊严，确保人民赋予的权力始终用来为人民谋利益，使人们知廉耻、懂取舍，有所为有所不为。

三、以人为本：不敢腐的主体自觉

客观地看，任何时代法律制度的建立与实施都是当时的社会实践尤其是法律实践的结果。从形式上看，我们当今所谈及的法律制度已经与古时大不相同，无论是法律术语抑或是解释条文也都发生了很大的变化。尤其是党的二十届三中全会审议通过的《中共中央关于进一步全面深化改革 推进中国式现代化的决定》进一步明确指出"坚持全面依法治国，在法治轨道上深化改革"，足以说明我们在走向社会主义法治现代化的路上越来越坚定，而且需要守正创新的地方会越来越多。尽管如此，我们也不得不承认，中国古代法律思想和制度中最深层次的、最具有核心特色的价值观、理念等仍然在方方面面影响乃至支配着人们的行为与思考。从这个角度来看，法律制度使人不敢腐的背后还折射了中国古人独特的思维方式。换言之，中国古人在思考法律制度的时候，其思维的基本形式和特征受到传统文化的深刻影响，并不与当今流行的西方式法律理论必然相通。

当然，我们也要看到法律思想和法律制度是密不可分的，一方面法律制度本身就包含着一定的法律思想，是法律思想在现实中的客观呈现；另一方面，法律思想并不都必然外化为制度的形式，思想本身也可以在很多情况之下发挥制度化的作用，就如古人常说的"言出法随"就是此意。再如当年孔子告诫颜渊要"非礼勿视，非礼勿听，非礼勿言，非礼勿动"（《论语·颜渊》），它所表达的也是思想发挥的制度化约束的作用。这一点在古代也非常常见，并且深刻地影响着人们的思维和行事。无论视其为以礼代法，抑或是以言行法，都足以说明制度本身并非是有效约束人们行为的根本。从这个角度来看，法律制度的设置与运作最终要通过"人"才能完成，人才是最根本最具有不可替代的因素。深入推进不敢腐，或者汲取中国传统优秀法律文化中的滋养，就要从人的角度求其最终的答案。只有充分发挥人的作用，树立不敢腐的主体自觉，才能真正超越具体的法律制度之上，进而深入到法律精神之中，克服法律的有限性束缚。

（一）惟人是弘

南朝宋代最后一位皇帝宋顺帝在禅位给萧道成时告诫他，"至道深微，惟人是弘。天命无常，惟德是与"（《南史·本纪·卷四》）。虽然他以天命所归为说辞，但实际上背后是迫于萧道成的力量。萧道成随后在南京南郊登基称帝，国号为齐，称齐高帝，是为南齐。据史所载，萧道成少有大量，喜怒不形于色，深沉静默，常有四海之心，严谨奢侈，力尚勤俭。虞世南称其为"创业之主，知稼穑之艰难，且立身俭素，深知道理。践位以来，务存简约"。总的来说是有着不错名望的帝王。惟人是弘，化用的是《论语·卫灵公》"人能弘道，非道弘人"的说辞。至道深微，惟人是弘，意思是最上之道深湛精微，唯有依靠"人"才能弘传开来。而"天命无常，惟德是与"，也是古人一直以来信奉的治国之道与道德律令，如《尚书·周书》中说"皇天无亲，唯德是辅"，《尚书·咸有一德》说"天难谌，命靡常。常厥德，保厥位"。《诗经·大雅·文王》中也说"天命靡常……聿修厥德"。可见这是古人坚守的一脉相承的传统路径。

"至道深微，惟人是弘；天命无常，惟德是与"，有两个层面的道理：其一，人能弘道、非道弘人，需要重视人的力量。换言之，道由人兴，亦由人行，离开了人，道就成了一个空客的道理，无所可用。其二，人在弘道的时候还要以德为本，因为这既是天命所在，也是道之所在。从历史的角度看，"唯德是与"的观念是周人提出的，武王灭商之后，周公打破了此前的天命定数之说，而提出要敬德、修德。他要求此后的历代统治者在上要敬畏天命，不断完善自己的德性，以德治国；在下要敬畏民心，切实维护老百姓的利益，以民为本。正是依照敬德保

第四章 永畏惟罚 具严天威——法律制度使人不敢腐

民、尊尊、亲亲之义，开创性提出了明德慎罚的观念，进一步巩固并完善了周人的国家制度和治理体系，全面彰显了当时周人治国平天下的能力。从这个意义上来说，周公解决了什么是周人的治国之道，如何落实治国之道的核心问题，同时也为周王朝往哪走，该怎么走的疑惑给出了答案。距周公有五百年之久的孔子曾经说过："周鉴于二代，郁郁乎文哉"，又说"殷因于夏礼，所损益可知也；周因于殷礼，所损益可知也。其或继周者，虽百世可知也"。可见以周公为代表的周人的明德慎罚的精神不仅有继承，更有发展，从而成为一种永恒的价值观念在不同时代发挥着相应的作用。

明代张居正推行"万历新政"，给皇帝上疏《请稽查章奏随事考成以修实政疏》，指出"盖天下之事，不难于立法，而难于法之必行。不难于听言，而难于言之必效"。意思也很明确，建立齐备的法律制度并不难，难的是如何使建立的法律制度得以全面地贯彻落实。看起来好像是只要有法律制度作依托，大家在日常生活中规规矩矩做事即可，但实际上其害处却是很大的。因为僵硬的法律条文及制度很容易禁锢人们的行为，乃至于无法有效解决现实中的要紧之事。如南宋朱熹所编的《五朝名臣言行录》中曾记载了这样一个故事。话说当年宋真宗之际寇准为宰相，有一日，真宗命寇准等人选拔一位官员充任马步军指挥使。就在一众大臣商议合适人选之时，一个下属小吏拿着文书呈上来，说这是选官任命的资格依据。寇准回应说，朝廷想要选拔任命一个马步军指挥使，还需要查检相关的依据吗？那还要我们这些人有何用！司马光在另外一处的对话可以为这个故事做一恰当的说明。司马光说，宰相本就是以"道"辅佐人主，哪里还必须用旧有的惯例？如果用惯例就可以，那些官府小吏就能办了，还考虑什么别的呢！

南北朝时期宋朝著名人士范泰曾说，"以古今异用，循方必壅，大道隐于小成，欲速或未必达。"这句话的意思是，古今之用各有不同，依循常理必定会遇到阻滞。大道隐微于小的成就之中，急于求快反而不能达到目的。方孝孺在《赠林公辅序》中说"不安于小成，然后足以成大器"，与此意思正相辅益，可做补充。从更深远的层次来看，法律条文的日益繁密以及法律制度日加完备，绝非是一个绝对的好事，它本身有其难以克服的内在弊端，并且"对于社会文化进程和民族精神风貌的总体进步趋向也具有严重的消极影响"。①这一点长久以来为人们所忽视，非常有必要要引起注意并加以重视。事实上，这个问题并非没有人指出，也并非没有人指出其危害。早在南宋之际，叶适就认为"法令日繁，治具日密，禁防束缚，至不可动，而人之智虑自不能出于绳约之内，故人材亦以不振。今与人稍谈及度外之事，辄摇手而不敢为。夫以汉之能尽人材，陈汤犹扼腕于文墨吏，而况于今日乎？宜乎豪杰之士无以自奋，而同归于庸懦也。使枚乘、相如而习今日之经义，则必不能发其文章。使管仲、孙武而读今日之科条，则必不能运其权略。故法令者，败坏人材之具，以防奸宄而得之者什三，以沮豪杰而失之者常什七矣"（《日知录·卷九》）。

在叶适看来，法令条文日益繁复，惩治工具日加严密，以便对人加以束缚防范，乃至于不可更动，就会使得人的智慧思虑无法超出法令之外，所以人才必然也就随之匮乏。他与当时的人稍稍谈到越出法度之外的事，人们往往就只是摇手而不敢去做。遥想汉代用人能够各尽其才，但像陈汤这样的功臣却仍然不免被文臣所陷害，何况是当今之世呢！如今豪杰之士不加奋进，自甘归于庸碌无为不也是正常的吗！所以说，法

---

① 林晓光：《家国天下：中国传统政治的文化解构》。见https://www.aisixiang.com/data/105711.html。

第四章　永畏惟罚 具严天威——法律制度使人不敢腐

令正是败坏人才的工具，因惩治违法而捕获罪人的占十分之三，却使豪杰沮丧流失人才的则常有十分之七。这样一比较，岂不足以说明法律的缺陷吗！这就无疑指出了一个很重要的问题，而单就法律对社会生活和人们的严密控制和禁防来看，它极其容易扼杀社会的活力和人才的成长。如果长此以往，肯定会造成百姓动辄受罚不堪其苦的境地，而再往前一步就势必会引起更大的反抗，后果可想而知。

一部二十四史，关于这一方面的教训是数不胜数的。历史上著名的"国人弭谤"就是很好很值得反思的例子。当时周厉王酷虐百姓，国人都暗下批评他。召公警告周厉王说百姓已经不堪其虐了。周厉王非但不听劝，还变本加厉派巫者监督国人，国人一旦被发现批评君王就立即被杀掉。在此淫威酷法之下，百姓走在路上也都不敢说话，只能两目相视而去。周厉王自以为靠严刑酷法就已经压制了国人，可召公却警告他说"防民之口，甚于防川。川壅必溃，伤人必多"（《国语·周语上》）。意思是说，只靠严刑酷法压制百姓是很危险的，一旦他们彻底反抗，后果必定不堪设想。可惜厉王并没有听取谏言，百姓也不敢再加批评。结果三年后，百姓终于起来反抗，把这位周厉王赶走并放逐到了彘这个地方。于此可见，法律可怕吗？当然可怕，因为它确实可以伤人之身，杀人之命，使人不得不害怕。但是却又不那么可怕，因为一旦忍受不了压迫之后，人们也可以拿起反抗的武器，将法律踏倒在地从而去完成革命的任务。

具体到个体层面来说，人们头脑里根深蒂固的观念、想法才最根本的。有子曾不无感慨地说："其为人也孝悌，而好犯上者，鲜矣。不好犯上而好作乱者，未之有也。"（《论语·学而》）对于那些日常生活中遵守道德的人而言，他们又怎么会去违反法律，自求制裁呢？由此可见，法律制度使人不敢腐，这里面固然有外在制度化强力约束的一面，实际上制度本身所蕴含的思想约束也是一个很重要的方面。这一点往往为人们所忽视，但事实上如果不考虑到这一方面，就很难解释为何在法网日密的封建社会，比如明代，面对严苛的法律条文，仍然有大量贪腐之人趋之若鹜，毫无忌惮。

据史所载，洪武十八年（1385）前后，朱元璋下令编撰《大诰》《大诰续编》《大诰三编》《大诰武臣》四本诰书，里面还选有不少案例，以警诫官员不可贪腐。在236个条目中有150个指向惩治贪官污吏，名目不可为不多。更令人可怖的是，《大诰》中还详细列举了诸如族诛、凌迟、极刑、挑筋去指、断手以及阉割、砍足等多种酷刑。很显然，在朱元璋看来，只要法律制度够严苛，惩罚力度够大、够震慑，就足以使得官员不敢贪腐，腐败问题自然也就迎刃而解。但事实上恰恰出乎朱元璋之意愿，腐败问题依然存在，无法彻底消灭。这就很容易引出一个很简单的问题，为什么严刑峻法无法遏制腐败呢？难道严刑峻法不足以使人感到害怕而不敢腐吗？难道人们对严刑峻法已经毫无敬畏乃至忌惮之心了吗？这个疑问自古以来便是难解之谜。

对于这个问题，可以从两个角度来考虑。第一，法律制度只是一种外在的制约和束缚，它只能防君子而不能防小人，并且只能禁止人的行为而不能禁止人的思想。对于君子和有道之人而言，法律的存在可有可无，无须为之害怕，正所谓"刑法不能加无罪"（《后汉书·桓谭冯衍列传》）。更何况"法禁于已然之后"（《汉书·贾谊传》），对于那些已经谋取到利益之人而言，惩罚就显得不足为虑了。在巨大的利益引诱面前，那些贪腐的人为何敢于跨过法律红线，置其于不顾呢？说到底，还是在于法律本身所固有的先天缺陷。托·约·邓宁在其《工联和罢工》中早就揭露过，"一旦有适当的利润，资本就胆大起来。如果有10%的利润，它就保证到处被使用；有20%的利润，它就活跃起来；有

第四章　永畏惟罚　具严天威——法律制度使人不敢腐

50%的利润，它就铤而走险；为了100%的利润，它就敢践踏一切人间法律；有300%的利润，它就敢犯任何罪行，甚至绞首的危险。"可见法律作为强制性的制度约束并非人们不敢腐的根源所在。第二，法律制度的存在不能被狭隘化地理解为一种形式，它本身还应从思想的层面予以把握，也就是说要超越具体的条文形式之上，深入到法律制度背后所依托的思想、所寄寓的精神之中。这可以换个角度来理解。如，古人认为孔子垂教万世，天下共尊其教，故而得以全国通祀孔子。明代朱元璋想要罢黜这一礼典，遭到了大臣的强烈反对。侍郎徐程就上疏说，"孔子设道，天下祀之，非祀其人，祀其教也，祀其道也。今使天下之人，读其书，由其教，行其道，而不得举其祀，非所以维人心、扶世教也。"（《明史·徐程传》）

这也就是说，人们通过一定的礼典祭祀孔子，最根本的是对孔子之教、孔子之道的尊崇。这里的"教""道"超出了一人之上而具有了永恒的意义，人们最应该做的是按照"教"和"道"的要求去立身行事，而不能也不应该只停留在对孔子的外在祭祀之上。关于这一点，文献中有大量的记载。如唐太宗说自己"好尧舜周孔之道"（《贞观政要·慎所好》），被苏轼尊为"文起八代之衰"的韩愈也说要"读六艺之文，以探周公孔子之意"（《韩愈全集·韦侍讲盛山十二诗序》），凡此等等都旨在说明对孔子的重视实际就是对其所传承下来的教与道的重视。事实上，早在孔子时代，他本人就以另外一种引人深思方式表达过类似的看法。他的弟子子游问什么是孝。孔子回答说"今之孝者，是谓能养。至于犬马皆能有养，不敬何以别乎？"（《论语·为政》）如果只是遵守一些外在的道德规范、准则之类，而不是由衷发自自己的内心，这哪能称得上是孝呢？对于法律制度也应当从这个层面去思考。

事实上，法律制度使人不敢腐，难道真的是那些制度条文的威力吗？肯定不是。那到底是什么呢？历史地看，"不敢"的根源从根本上来说一定体现在两个方面：一个是制定法律之际所遵循的思想观念，奠定了法律制度的思想根基；另一个则是制度建立后所承载的价值精神，铸就了法律制度的特殊品质。不过，法律制度一旦确立之后，其有限性也必然同时确立了下来。为求其周备、完善，则不得不使法律条款越来越多、越来越细密。人们的行为是有限的，可人们的思维是无限的，拿有限的法律来约束人们的有限行为固然可以，但是又如何能约束人们无限的思维呢？正是在这个意义上，老子给出了一个极具反讽的话——"法令滋彰，盗贼多有"（《道德经·第五十七章》）。可见，要想实现不敢腐，只是在法律制度上下功夫是远远不够的，而且也不能完全信任法律制度的效力。

正是在这个意义上，所谓批评中国古代"有治人，无治法"的观念是合乎其宜的。因为法律本身在一个倡导礼乐文明的社会中就不是被极力提倡的东西。而古人早在西周之际就提出"明德慎罚"的理念，其根本就在于依德不依法，这也足以说明当时就已经看到法的局限，所以才能提出克服法律局限性的对策。而且，中国古人向来认为治国之本在治吏，吏治则国治，而不一味追求法律制度的完善和齐备。如何更好地选拔、任用官吏才是根本的，就是以人为本。荀子也早就明白地说过，"不患无治法，而患无治人"（《荀子·君道》）。意思是说，若无合适之人，即使有好的法律，也只不过是一纸空文罢了，又有什么用呢？难不成靠着一纸空文去治国理政？翻检史册，秦汉以来，每一个朝代兴起之际都先颁布律典，真可谓"其兴也勃焉"，但到了后期，这些律典又哪能起到什么秩序维持的作用呢？乱臣贼子哪一个不是踏着法律篡国改朝换代呢？宋代欧阳修在撰《新唐书》时曾经明确地指出："（唐之官制）盖其始未尝不欲立制度、明纪纲，为万世法。而常至于交侵纷乱

第四章　永畏惟罚　具严天威——法律制度使人不敢腐

者，由其时君不能慎守，而徇一切之苟且。故其事愈繁而官愈冗，至失其职业而卒不能复。"这也就很明白地指出了制度问题的症结所在，即最根本的还是在人。人才是所有制度背后最核心、最根本的精神依托。唐代后期的君王不能"慎守"，一味徇一己之私欲，使得所要处理的事务愈加繁复而闲散官员愈加杂多，最终大业被毁而万劫不复。这岂不就是人们常说的"其亡也忽焉"吗？

如果荐举之人不当，就难以成就大事，即使想树立忠义也不可得。汉明帝之际曾下诏，遇到举非其人的情况，还要追究并责罚举主，"有司明奏罪名，并正举者"。这种传统影响深远，还把天道和人情相对应进而形成一种神秘主义，如《后汉书·顺帝纪》中说的，"皆以选举不实，官非其人，是以天心未得，人情多怨"。举非其人，难成大事，是千古以来的一种朴素的说法，它有着深刻的文化根源和传统因素。这里的人实际上兼有德、才两个方面。从儒家的角度来说，在德、才两方面要以德为本、德本才末。据《孔子家语》记载，鲁哀公问政于孔子，孔子回答说"为政在于得人"，这里的得人实际就是把那些德才兼备的人选拔上来，用以治国理政。从历史来看，为何选人一定要唯德而非唯才、唯资历呢？以三家分晋、智氏覆灭为例，虽然智瑶有"美鬓长大，射御足力，伎艺毕给，巧文辩慧，强毅果敢"，但却为人不仁，刻薄寡恩。智宣子不以为意，仍然选定智瑶作为接班人，结果造成晋国分裂，为韩赵魏所灭亡。从这个意义上来说，就是要做到选贤任能，任人唯贤。贾谊曾说，"有不能求士之君，而无不可得之士"。意思是说在选人用人方面，求则得之，不求则不得。要想成就一番大事，就必须通过贤者在位，能者就职，才能通过他们在上躬行道德仁义，在下效法践行，从而使上下同道，实现国治民安。

（二）克除一己之私

客观而言，法律制度一旦确立颁行，它就进入到公共视野之中，成为大家必须遵守的公共准则，个人就不能以一己之私对抗公权力。反而要克除私念，以公为先。如，魏徵是唐初名臣，落拓有大志，好读书，深通典奥。后来因为谋事失败，落于太宗之手。太宗说他离间李氏兄弟，魏徵则直接回复说，如果建成早听我的计谋的话，肯定不至于身死人手了，足见其耿直与自许。李世民登基后仍然善待魏徵，君臣相遇，开创了传颂千古的"贞观之治"，魏徵还入选了凌烟阁二十四功臣，位列第四。从史书来看，魏徵多次犯颜直谏唐太宗，如《谏太宗十思疏》等等，不仅毫无保留，而且还不留情面，但唐太宗都能善加采纳，予以施行，称赞说即使古代的名臣也难以超过魏徵。魏徵死后，太宗赐谥号"文贞"，令其陪葬昭陵，还留下了千古传颂的"以人为镜可以明得失"的名言。发生在他身上的一件事，足以看出当公权与私欲冲突时，一个正直忠信之人应该如何抉择。

太宗向来重用魏徵，等到登上皇位就立马擢拜魏徵为谏议大夫，封为钜鹿县男爵爵位，使他督办安抚河北事宜，并允许他可以见机自行处理。魏徵到了磁州的时候遇到建成旧党李志安、齐王护军李思行被押着送往京师。魏徵就对副使李桐客说："吾等受命之日，前宫、齐府左右，皆令赦原不问。今复送思行，此外谁不自疑。徒遣使往，彼必不信，此乃差之毫厘，失之千里。且公家之利，知无不为，宁不虑身，不可废国家大计。今若释遣思行，不问其罪，则信义所感，无远不臻。古者大夫出疆，苟利社稷，专之可也。况今日之行，许以便宜从事，主上既以国士见待，安可不以国士报之乎！"（《旧唐书·魏徵列传》）

魏徵的核心意思是在说明，当个人在遇到公权力的危机之时，一定要以公为先，不可纯任私意。哪怕是自己会因此被连累，也要奉公克私。"公家之利，知无不为"，最早出自《左传·僖公九年》，原文是"公家之利，知无不为，忠也"。虑是顾虑之意。废即舍弃。全句意思是说，但凡有利于公家之事，只要知道了就要全力为之，宁可不顾自己，也不可废弃国家大计。而这就是《左传》中说的"尽忠"，是身为人臣所必须为之的。从史书的记载来看，魏徵说的公家之利，知无不为，宁肯不考虑自身，也不可废国家大计，是为了报答唐太宗的知遇之恩，所以才有他"苟利社稷专之可也"的态度。而且，魏徵也明白地说"主上既以国士见待，安可不以国士报之乎"，字里行间流露着尽心效命之情。但从更大的视角来看，魏徵这里所谈及的是传统文化中公私之辨的核心问题。如何正确看待和处理个人与国家之间的利益关系，自古以来就是一道人言各别的命题。

从传统儒家的角度来看，他们主张崇公抑私、重义轻利，甚至以义为利，所以为善为公，是心之正；而为恶为私，则是心之邪。正是在这个基础上，大公无私、公而忘私、立公去私就内化为中华民族的基因，对法律制度背后所承载的精神品质也有着深刻的影响。而历史上久为人称道的有德之人也莫不是公而忘私的人，直至清末的林则徐也说到"苟利国家生死以，岂因祸福趋避之"，至今读来令人气昂！《礼记·礼运》中说"大道之行也，天下为公"，其实就早已告诉人们应该笃守何种价值理念。尽管有人说这只是儒家一种美好的道德理想和政治期望，但它却真实地揭露了传统文化的特质，这既是中华文明的要义所在，也是人们应该信受奉行的准则所在。

正是在这个意义上，"古者进贤受上赏，进不肖有罚，其立定赏罚条格，庶使人不敢徇私也。"（《金史·卷五十四》）因为选举正是要聚天下贤才而用之公家，而不能因一己私欲败坏公事。选举自古以来都在历朝历代的国家治理中占有重要的地位,其有稽可考的历史最早可以追溯到尧舜之时,即最为后世所称道的禅让制。随着时代的发展和社会的变迁,选举制度在后来也多有调整和更改,而尤以隋唐之际的科举制度最为进步和公平,不仅在一定程度上改善了封建统治,而且还通过人才选举,发挥其聪明才智。选举的核心职能在于通过一定的模式把贤能之人选出并将其置于合适的位置,发挥其最大的价值和功用。与此同时,选举制度中还有一个重要的路径,即举荐制。所举之人称之为贤良,不仅道德良善,而且还有特殊之才能。凡是推举出来的贤良之人的,都会受到奖赏。反之亦然。这也是为了确保人尽其能,物尽其用,从而避免徇私枉法的现象发生。

古人说,"内举不避亲,外举不避怨"(《尸子·仁意》),就是对这种制度的一种理想化的描述。条格,即条文、法规之意。如"可依周汉旧典,有罪入赎,外详为条格,以时奏闻"(梁武帝《赎刑诏》)。又如,"夫以天官之贰,治夏卿之选,簿书繁重,条格纷委,苟非其人,则士之失职而无告者多矣"(苏轼《赐范百禄辞免恩命不允诏》)。庶,或许、希冀之意。全句的意思指的是,古人举荐贤能之人会受到最高的赏赐,举荐不肖之人就会受到惩罚,将这种赏罚制度以法规的方式确定下来,目的在于不使人徇私枉法。可见自古以来,古人已然认识到如何防范官制中徇私枉法的事情发生。通过不断完善相应的法规条文,从而确保有法可依,惩恶扬善。如何发现并选拔出那些有德行、有才能的人,自古以来都是古人在治国理政时要考虑的首要问题。围绕着如何选拔举荐人才,形成了影响深远的选举制度。在考察任何一个制度时,不能轻率地以利弊来衡量,而是要以历史的观点将其置于当时当地的环境下进行评判。近代以来,我们在看待古代的一些制度时忽视了这种具体问题具体分析的方法论要求,简单地认为外国的一切都是

第四章 永畏惟罚 具严天威——法律制度使人不敢腐

好的,而中国旧有的一切都是不好的,要予以舍弃,而没有认识到自己的国家和民族以往数千年制度的真实意义和真实效用,这是需要适当批判和纠正的。古人谈及人才时说,"为政之要,唯在得人"(《贞观政要》),也知道"得百庸臣不如得一能臣,得一能臣不如得一尽心之臣"(《官箴》),形成了关于举贤任能的一套丰富理论,在历史上的佳话美事也比比皆是。

比如,西晋时期的儒将羊祜,德才兼备,对于司马氏一统天下居功至伟。他每次都在举荐完人才之后就把奏稿烧掉,以至于受举荐之人都不知道是谁举荐的自己。甚至在病危临终时,羊祜还念念不忘举荐贤才,将杜预推荐给晋武帝。晋武帝对羊祜说:"举善荐贤,乃美事也。卿何荐人于朝,即自焚奏稿,不令人知也?"羊祜回答说:"拜官公朝,谢恩私门,臣所不取也。"(《资治通鉴·晋纪》)这凸显的正是"不敢徇私"的精神追求。杜预也没有辜负羊祜的举荐和信任,为司马氏平定江南作出了突出的贡献。反观当今一些领导干部,打着"举贤不避亲"的口号,大搞关系户和人情官,或是利用自己"朝中有人"谋取一官半职,或是借着权钱交易,摇身一变从商界跨入政界,从而给党的干部队伍埋下了极大的隐患。这些人不但能力素质堪忧,更是缺失理想信念,常常只是为了谋取权力带来的利益和光环,而不顾党和国家人民的期望,严重污染了党内的政治风气,破坏了党内政治生态的稳定和有序。

对于不同阶层官吏而言,"辞亲入仕,当以裕国安民为事,枉道欺君以苟货利,非吾志也"(《辽史·耶律铎鲁斡传》),它所要表达的意思就是克私奉公。从文义上而言,"辞亲入仕"指的是离开一己小的私人家庭,进入公共空间中参与国家和社会事务,通俗地说就是入朝做官。裕本意是衣物丰饶,此处引申为使国家富足。枉,邪曲不正,"枉道"即违背正道。《论语·微子》中说"枉道而事人,何必去父母之邦",司马光也曾说过"枉道速祸"。意在告诫人们不可与道相违逆,必须把道作为立身处世之本,入仕做官之人尤须如此。孔子对其弟子说"举直错诸枉,则民服;举枉错诸直,则民不服",凸显的就是要正道直行之意。苟即贪求,如汉代陆贾《新语·慎微》中说的"不贪于财,不苟于利"。"货利"出自《尚书·仲虺之诰》:"惟王不迩声色,不殖货利"。孔安国解释为"资货财利"。更为细致而言,货,财也,泛指金玉;利,与贪相近,多指好处。耶律铎鲁斡这里说的整句话的意思是:辞别亲人入仕做官,应该致力于使国家富裕昌盛,百姓安居乐业。违背道义,欺瞒君主,不能一心一意为国为君,反而借此去谋取利益聚敛财富,并非我的本心啊!

耶律铎鲁斡是辽代有名的廉吏,也是非常能干的官员,《辽史》中特别设置有《能吏传》,即将其人列入其中,足见其才智能力之优秀。按照《辽史》里面的说法,汉唐两代的史书中都专门设有《循吏》《良吏》传,用来表彰道德才能方面有特长的官员。辽太祖及后世太宗创业开疆,任贤使能,多遵循唐制,选举方面十分严格。同时,又派遣重臣在境内巡行,通过考察官员的德才情况而予以提升或罢黜。所以在治民、理财、决狱等方面都出现了不少的人才,他们的德政情况固然无法与史上的循吏、良吏相媲美,但也足以称之为能吏,故而单设《能吏传》,以资垂范。这里面也折射了辽人在治国理政中的创见。

耶律铎鲁斡是辽代国族,虽然官高位显,但却廉洁节俭,重义轻财。终其一生,先后担任过西南面招讨使、南府宰相等官,无论在何处任职都有着很好的政绩和声名,赢得了官吏和百姓的共同敬畏和爱戴。史称"铎鲁斡所至有声,吏民畏爱"。退居乡里后,铎鲁斡的儿子普古以乌古部节度的身份派人前去迎请铎鲁斡。铎鲁斡到了之后发现他儿子

第四章 永畏惟罚 具严天威——法律制度使人不敢腐

积累的财富十分丰厚,于是大为不满,就告诫其儿子说了这番话:"辞亲入仕,当以裕国安民为事。枉道欺君,以苟货利,非吾志也。"随后便命人驾车而回。后来,普古为盗贼所杀。由此也可略见铎鲁斡的人格与作风。可以说,普古辜负了铎鲁斡的教诲,是自食其果。

受制于古代家国同构的政治模式和社会形态,古人读书入仕,从公共的方面而言固然是要致力于治国平天下,做出一番不俗的事业,但同时在很大程度上也还有一种私人的、光耀门楣的朴素想法。从这个意义上来看,辞亲做官,表面上看是不同行为的自我抉择,但实际上却蕴藏着公私之间忠孝两种观念的冲突和转换。就一己私人的家庭而言,在家要孝,但参与到公共的事务中则意味着做官要忠,这两者自古以来就是儒家士大夫的必备操守,它凸显的正是公私领域之内所不同的伦理约束和道德要求。俗话说,求忠臣于孝子之家,在家不孝,不能养父母之志,养父母之心,在外入仕做官,也就必然不能很好地忠君报国、济世安民。这也就是为何耶律铎鲁斡说辞亲入仕当以裕国安民为事了。

就儒家思想本身而言,孟子曾经提出"家贫亲老不为禄仕,二不孝也"(《孟子·离娄上》)。将出仕与孝道联系起来,就赋予了入仕以内在的正当性。但是,因为受到儒家圣贤教育的潜在熏染,在尽孝之外,儒家士大夫辞亲入仕还特别希望能遵照圣贤的教诲担负起应有的治国平天下的使命,即由孝而忠。即使自古就有忠孝两难全的说法,但从孔子说的"文王既没,文不在兹乎"(《论语·子罕》)再到孔门高足子路说的"不仕无义。长幼之节,不可废也;君臣之义,如之何其废之"(《论语·微子》),都旨在说明入仕为官相较于居家尽孝有着更为宏大的价值诉求。或者说,忠相较于孝有其道义上的优势和优先性。事实上,为了使天下安定有序,必须要有一部分人自觉承担起国家和社会的责任,勇于牺牲小我而奉献于大我,即"君子之仕也,行其义也。"(《论语·微子》)这与一些汲汲奔走于权贵之门妄图得到一官半职谋求私利的人是大不相同的。由此可知,受儒家思想深刻影响的"入仕"有着很强的道义支撑和引导,其最终目的即公而忘私、平治天下,也就是此处耶律铎鲁斡所说的"裕国安民"。倘若没有这种情怀,就无法做到清正廉洁,为国为民,甚至就会像普古一样"枉道欺君,以苟货利"。

当然,从比较的层面来说,以血缘为纽带的家庭中要以孝为主,以非血缘为纽带的国家层面则要以忠为主。所以人们常说要入则孝,出则忠。孝之大者为恩养,忠之大者为道义,可见不同的境遇所要匹配的道德是相异的,这种内在冲突有时乃至于不可避免。两晋时期的桓温在入蜀时就曾感慨过"既为忠臣,不得为孝子"(《世说新语·言语》)。儒家经典《礼记·丧服四制》中有个形象的说法,用来描述这两种冲突的道德主张:"门内之治恩掩义,门外之治义断恩"。门内门外显然分别指的就是孝亲、入仕,这就意味着人们在处理家、国的不同事务时必须有所取舍,遵循相应的道德规范。

耶律铎鲁斡告诫其儿子既然辞亲入仕,就要至公无私,有所为有所不为,一旦发生忠孝冲突的时候,必须克除一己之私欲,灭私奉公。当然,从儒家传统来说,辞亲入仕本身还蕴含着推己及人的维度,可以理解为忠对孝的涵摄,即由忠而孝,通过自上而下的举措,实现推恩足以保四海的目标,以及"老吾老以及人之老,幼吾幼以及人之幼"(《孟子·梁惠王上》)的美好理想。从这个层面看,要想不敢腐,根本就在于牢记公私之间的界限,而不能单纯地依靠制度的约束和外在的监督,必须要时刻告诫自己不能假公济私,而是要化私欲而存公理,否则必然会一步步陷于私欲的泥淖而不能自拔,最终受到法律的无情惩罚。

第五章

纲举目张 明察秋毫

——监督制度使人不能腐

第五章　纲举目张　明察秋毫——监督制度使人不能腐

对于中国传统政治文化的解读决不能停留在人治、中央集权、封建等刻板认知阶段，而是应剖析其历经数千年而行之有效的运行逻辑，挖掘其中经久不衰仍行之有效的治理智慧。自我国史书中记载的第一个世袭制朝代夏开始，纵观四千多年的传统治理模式，中国传统政治权力的运转并不是帝王及官僚体系的随心所欲，也不是毫无章法的混乱无序，而是内含了特定的运行逻辑，可以概括为权力自律与权力他律。权力自律是指权力的自省与反思，包括为政者探寻权力来源的合法性，使权力经历了敬天、敬德、敬民的转变，以及为政者探求历史周期律，形成了以史为鉴、镜鉴古今、吸取教训的重史传统。权力他律是指对权力的约束与限制，涉及对帝王监督与对官员监督两类对象，以及对中央监督与对地方监督两个层次。在权力自律的视域下，中国传统政治衍生出了注重历史记录的史官制度。在权力他律的视域下，则诞生了制约皇帝的谏议制度与专职监察官员、监督中央、巡查地方的监察制度。因此，由史官制度、谏议制度、监察制度组成，内蕴着自律与他律双向互动的中国传统监督体系，对中国传统的史官制度、谏议制度、监察制度进行梳理、挖掘与转化，不仅能深入了解中国传统政治的运行机制，即如何通过内在自省与外在约束两条进路实现传统官僚体系不能腐，而且其中蕴含的监督智慧还能为新时代全面从严治党提供参考和借鉴。

一、史官制度

（一）史官制度的历史轨迹

"以史为镜，可以知兴替。"中国历代均设置专门记录和编撰历史的官职，统称史官。作为记录历史的主体，史官是中国古代政治生活的重要传统，由于其功能的不可或缺性，成为中国传统政治架构中的成熟制度，外显为中国古代政治架构中的具体职位，内含政治与文化相统一的内容功能，包括记录史实、保管文书、规诫帝王、出使邦国等，是中国历史上一种极为独特的制度体系。

史官制度在中国传统文化中由来已久。据唐代学者刘知几的记载，中国早在部落制时期，就设立有史官，"黄帝之世，始立史官，仓颉、沮诵居其职。至于夏商乃分置左右，言则左史书之，动则右史书之。故曰：左史记言，右史记事。言经《尚书》，事经《春秋》者也。"（《史通·史官建置》）通过刘知几的叙述，不仅指明在黄帝时期，确有仓颉、沮诵担任史官，说明史官的历史考证可追溯至四千多年前。而且指出夏商时期的史官已分置了门类，并且对应着具体职能，更有《尚书》与《春秋》两部材料做佐证。

除了刘知几的记载，有关三代时期史官的制度，还散落在一些具体文献之中。如"夏桀荒淫无道，太史令终古出其图法进行劝谏，无效，即弃而奔商"（《吕氏春秋·先识篇》）。指出史官除了在通常意义上承担着文化职能外，还具有劝谏帝王的政治效用。商朝时期，甲骨文明确出现了"史""作册""尹"等象形文字，明确了记录是史官的重要职能。如"史"字在《说文解字》的注释中就与记录、记事直接关联，即："史，记事者也，从又持中。"至于"作册"据近代国学大师王国

第五章 纲举目张 明察秋毫——监督制度使人不能腐

维考据，是记录史料、管理文书的官职，而"尹"字则是对史官官阶的称谓。到了周朝，有关史官的记载愈加丰富，设置与分类也更加完善，据《周礼·春官》记载，周王室设有五史，分为大史、小史、内史、外史、御史。其中大史在诸史官中职位较高，不仅可以见证记录新王的登基典礼，还能作为使臣出使别国，同时还兼备记录史事的职能。小史主要负责辅助大史，处理大史负责的琐事。内史在史官中地位最高，执掌策命诸侯及孤卿大夫，这在古代官僚体系中，属于直接参与了官职队伍建设，作用和价值不言而喻。外史在中国古代的政治地位一般，负责记录帝王的外交活动。御史的地位在此时期位列最低，主要负责图书馆藏。

春秋时期，史官得到进一步发展，其职责也得到了细化，逐渐形成了"君举必书"的局面，魏国设置了"著作郎"，据《通典》记载，"魏明帝太和中，始置著作郎官，隶中书省，专掌国史"，著作郎成为专门的修史官员，在晋国与楚国明确设置了左、右两史后，史官的门类演变为大史、小史、内史、外史、左史、右史六大类。刘知几在《史通·史官建置》中对六类史官的职能进行了具体描述："大史掌国之六典，小史掌邦国之志，内史掌书王命，外史掌书使乎四方，左史记言，右史记事。"与《周礼·春官》记载的五类史官相比，刘知几的阐释不仅明确了大史与小史各自的职能，使小史从大史中独立出来，而且以左史与右史置换了御史，同时明确了左右史各自的职能。此外，《尚书》与《春秋》两部史书经典也均成书于春秋时期。

秦汉朝时期的史官制度逐步得到了完善，史官称为太史令，汉承秦制，汉武帝时期设置了史官太史令，其职责既记事，又掌天文星历。在司马谈和司马迁父子二人接连太史令的基础上，最为著名的纪传体通史《史记》诞生了。汉代的史官设置在秦朝的基础上，得到了一定程度的补充、发展。除了常设太史令之外，汉武帝还增设了女史，负责记录皇帝皇后的起居事宜。到了东汉，太史令的史官职能虽严重弱化，成为天官，但在官僚体系下又专门设置了兰台令史。

唐朝时期，史官制度趋于规范化。在经济繁盛的时期，唐朝为政者十分注重历代兴衰历史经验的总结，格外重视史学，不仅设置了专门的部门机构，还修建了史国馆。同时，国家历史由单独撰写改为了集体编撰。随后还设置了起居郎，专门负责记录皇帝的日常言行和重大事件和制度。同时，唐朝统治者允许史官自行搜集史料，极大地丰富了史料资源，促进了史书编撰的可察性与真实性。直到唐朝后期，由于时局动荡，史官的独立性被弱化，编修史书重新归至官方。

宋朝时期，史官制度更加完善，在继承唐代史官制度之余，还进一步发展了修史机构，增设了起居院、国史院、实录院、日历所、起居院等。这些修史机构分工较细，各自有不同的职责。同时，宋朝对史学的重视也使得宋朝的史官地位得到了提升，这种传统延续到了辽金元时期。这期间，史官的职责更加细化，有严格地收集、报送史料的制度。

明清时期，史官制度继续延续。明代的史官职位是翰林院，负责编撰国史天文、礼乐、地理以及兵制等内容，以及皇帝相关言行举止。清前期由于没有专门官员修史，出现了他官兼职修史的现象，他官兼职的史官主要包括记注官和撰述官。此外，清代还出现了史官议叙制度，来激励撰写史书的史官。

（二）史官制度的内在精神

1. 秉笔直书，求真实录的治史取向

秉笔直书又称书法不隐，凡天子、诸侯的言行，国家大事均要实事求是地予以记载，毫不隐讳。古代史家大多将治史看作一件严肃且崇高

的事业,因此,他们要求治史者对史学事业认真负责。"秉笔直书"这里面包含了史家的使命感和责任。随着史官地位的强化,中国古代的史官大都秉笔直书、恪尽职守、客观公正地记录并点评历史,力图给后人留下真实、可信的历史记录。秉笔直书不仅是古代史官的职业操守,也是史家高尚史德的表现及其内在精神。

比如春秋时期的董狐,他率先开创了史学直笔的传统。据《左传》记载,晋国大臣赵盾劝谏国君晋灵公无果,反致灵公大怒,招来杀身之祸。但还未逃亡至晋国国境,赵盾的堂弟就杀死了赵灵公,随后迎回赵盾,恢复其原来的地位。对此,晋国太史董狐以赵盾弑其君"记载此事",并在朝堂上传阅,赵盾对此深恶痛疾,但董狐不畏赵盾及其堂弟的势力,认为即使晋灵公德行有亏,但赵盾的行为有背礼制,应承担杀君的罪名。孔子也曾对此事有所评论:"董狐,古之良史也,书法不隐。"对董狐这种不畏权势、如实记录赵盾有罪的史官节操,孔子给予了极高的评价。

《左传》中还记载了齐国太史和南史氏"据事直书"的事迹,如"夏五月乙亥,齐崔杼弑其君光"就记录了齐国大臣崔杼弑君的记录。当时齐国太史不畏权势,不惧刀俎,如实记录,将"崔杼弑其君"写在了简册上,后崔杼杀了这个太史和他的三个弟弟,直到第四人,仍然坚持"据事直书",使崔杼束手无策,最后只好让太史如实将此事写在史册中。史官的坚持,不是为兄长报仇,而是职责所在,宁愿赴死,也不愿扭曲事实。南史氏听说太史兄弟被杀光了,冒死前往,中途听说这件事并如实记录,才返回。类似的记载还有很多,这些良史都坚持了"秉笔直书"的原则,反映了古代史家崇高的内在精神。

唐代史家刘知几所著的《史通》也大力倡导直书精神,他认为,直书是史家高尚品德的表现,是史家人生价值的体现。《史通》中《直笔》篇章中，他强调史家要秉笔直书、伸张正义，并高度赞赏了魏晋以来不畏强权，秉笔直书的史官。其中有北魏时期的著作郎崔浩，崔浩在编写《国史》时，因如实记载了北魏祖先国破家亡之事，并将《国书》刻在了石碑上，故被北魏贵族及群臣抨击，最终被陷害残杀，这也成了后世有名的崔浩国史案。此外，刘知几还在《史通》的《曲笔》篇章中，严厉斥责不直书，歪曲事实的史官，对那些破坏起居注传统、任由帝王阅览、改动真实历史的行为进行了抨击。

综上，史官们秉笔直书、求真务实、恪尽职守的职业操守体现了以德为先、以人为本的内在精神。自周朝起，为政者就吸取了夏商两朝灭亡的教训，注重"敬德""保民"，认为百姓是关系到一个国家兴亡的重要因素。《左传·庄公三十二年》记载："国将兴，听于民。将亡，听于神。神，聪明正直而壹者也，依人而行。""神"需"依人而行"。由此可见，"神"不再是世界的中心，相应地，记录历史也不再只是记录神迹与巫觋之术，而是主要以客观真实的历史事件为主，而且记录的标准均以德为基。因此，史官所蕴含的秉笔直书，求真实录的治史取向凸显了以人为本、以德为先的精神。

2. 以史立言，启迪后人的治史情怀

在史学领域，为史立言是指史学家通过编写历史书籍，记录历史事件和人物，以此来传达历史的重要性和教训，让历史精神长久地存在并产生影响。

先秦时期，孔子修《春秋》，开启了史家以史明志的先河。孔子生活的时代，社会动荡，诸侯纷争不断，礼乐制度遭到极大破坏。《春秋》是中国第一部编年体史书，也是孔子通过记录历史事件表达自己的政治诉求的重要载体。《春秋》中孔子不仅记录了一些重要的历史事件，并且还有他个人思想的输出，对事件的叙述暗含褒贬，被后人称为

第五章　纲举目张　明察秋毫——监督制度使人不能腐

"春秋笔法""微言大义"。如针对礼崩乐坏的乱象,孔子在记录过程中,对犯上作乱的历史都作了负面评价,而且孔子反复强调"正名"的重要性,表达了克己复礼的强烈愿望。以历史事件为依托进行评价,从而输出道德观、历史观、价值观、人生观等方面的思想,反映了孔子的治世理念和政治志向,这种以史立言,启迪后人的治史情怀对后世的哲学、政治思想及历史、文学方面的著作有很大影响。

秦汉时期,司马迁撰《史记》,也是为了载"明圣盛德"述"功臣世家贤大夫之业"。《史记》中也传达着"欲以究天人之际,通古今之变"的宗旨和对一些历史事件和人物的思考。其中,"礼义一统"的思想,就是对历史规律的思考及政权存亡的总结,蕴含着辨天人、通古今,立史家之言的治史情怀。如《史记·陈涉世家》中"燕雀安知鸿鹄之志哉"说明了有远大志向的人应站位更高、立意更远;《史记·商君列传》中"千人之诺诺,不如一士之谔谔"则强调了亲贤远佞的重要性。以上微言大义都能给为政者以思考和借鉴。

隋唐时期,魏徵、褚亮、虞世南、萧德言等编撰的《群书治要》,汇编了《史记》《汉书》《后汉书》《三国志》《晋书》中的精华内容,彰显了"以史为鉴""修身为本""教学为先""爱民而安""好士而荣"的精神理念。此书被魏徵评价为"用之当今,足以游览前古;传之来叶,可以贻厥孙谋",是唐太宗在治国理政中"偃武修文"的重要依据,为开创"贞观之治"提供了思想支持。

宋明时期,司马光主编《资治通鉴》,以时间为"纲",以事件为"目",纲举目张地涵盖政治、经济、文化、外交等各领域,兼论历史人物评价,旨在通过对历史的记载与评述警示后人。宋神宗评价此书"鉴于往事,有资于治道",也因此得名。《资治通鉴》作为中国古代著名的历史著作,得到历代帝王将相、文人墨客的拥趸,不仅将中国的历史编纂推进到了新的水平，其中司马光等总结的历史箴言如"穷则思变""兼听则明""德者，才之帅也"等更是发挥了影响后人、万古流传的功效。

晚清时期，魏源著有《海国图志》，表达了爱国精神、自强、求富的思想。《海国图志》重点介绍了外国地理和世界历史，目的在于使国人了解世界，传递了"师夷长技以制夷"的思想，同样体现了借史立言的治史情怀。

综上，中国古代的史官制度蕴含了秉笔直书，求真实录的治史取向与以史立言，启迪后人的治史情怀。这背后离不开历代史官不畏强权、信念坚定的治史精神。如齐国太史季面对崔杼的威胁以及三兄皆死的情况，仍答"据事直书，史家之职也。失职而死，不如死"；汉代司马迁宁肯遭受宫刑，也要编写《史记》；唐朝李汉因据实编纂《宪宗实录》被贬为汾州司马三十年不得录用；还有宋代黄庭坚因修《神宗实录》谪居黔州等。正是史官们不畏权贵，如实记史的坚定信仰，才使史官制度在中国政治史中起到了监督官僚、制约权力的作用。

（三）史官制度的当代影响

1. 史官制度传承了中华文明，孕育了文明的连续性

与中国传统的史官制度相比，西方世界没有史官记事的传统。直到公元前5世纪时，希腊还没有丰富的文字记录，而且希腊、罗马史学家对历史的记录很多来源于想象，具有极大的主观性。尽管自兰克史学之后，西方也开始更为重视史学的纪实性，但与中国传统史学的纪实性相比，二者仍然不尽相同，并且西方后现代主义者以激进、偏激的态度抨击传统史学的客观性，他们秉持的总体观点是历史基本无真理、客观、真实可言，思想是虚构出来的等。

第五章　纲举目张　明察秋毫——监督制度使人不能腐

中国早在部落制时期就有了史官,"左史记言,右史记事",在中国古代的历史长河中,史官名称虽多次更改,但其主要职责不变。《史记》《汉书》《资治通鉴》等编撰与流传都来自史学家们的辛苦付出。作为一门研究和阐述人类过去事件和社会的学科,史学在中国历史上一脉相承地延续至现当代,不同历史时期的记载也汇集成了优秀且丰富的史料,成为延续中华文明的重要载体,客观上保证中华文明的连续性。

马克思主义传入中国后,其所蕴含的尊重规律、实事求是的科学原则与中国传统的求真实录的治史取向相契合。中国古代设置史官制度的重要初衷之一就是归纳历史发展的客观规律,以史为鉴、镜照古今,从而掌握历史周期率的密码。如中国历史上持续时间最长的周王朝就从商朝灭亡的事实中,开启了人本主义治国理政的先河,提出了"天命靡常""以德配天""敬德保民"等一系列箴言。中国历史上繁荣昌盛的唐朝也从隋更替的现象中,进一步明确了人民的重要性,总结了"水能载舟亦能覆舟"的道理。中国的记史传统与马克思主义尊重历史规律、认识历史规律的特点不谋而合。此外,在马克思主义的指导下,我国坚持以考古实物证实文明史,在信史的发掘搜集整理方面取得了重大突破,使中国的通史、断代史和专史研究取得了巨大成果。如从殷墟遗址出土的15万片甲骨文中,解读出了占卜记录、历史人物,内容涵盖战争、祭祀、人的生老病死等,直接证实商王朝的存在,将中国历史上溯一千年此外,河南的二里头遗址使中国第一个世袭制王朝夏朝得到了证实了,双槐树遗址又将中国的宫殿史推溯至5300多年前的河洛古国。因此,中国古代的史官制度与马克思主义跨时空互相成就,前者为后者认识历史、掌握规律提供了近乎完美的素材,后者又以科学原理促进前者的挖掘搜集与实证运用。

当今,面临世界之变、时代之变、历史之变。习近平总书记指出"求木之长必固其根本 欲流之远必浚其泉源"。我们要想把握好"变",就要深入探寻历史之"理"。历史从来都是我们最好的教科书,面对历代先贤留下的丰厚史学遗产,只有全面深入了解中华文明的历史,才能发现中华文化对不同历史时期政治经济发展的深远影响,只有深入提炼总结中华优秀传统文化中蕴含的治国理政的理念和智慧,才能更有力地推进文化强国建设,建设中华民族现代文明。

2. 史官制度汇集多元文明,增强了中华文明的包容性和认同感

《史记》作为中国第一部纪传体通史,不仅记录了中央王朝的历史,也记载了一些少数民族的历史,反映出了中华文明的多元一体性以及内在包容性。除此之外,专门记述少数民族政权的历史资料也在中国的历史典籍中占据重要地位。如《金史》作为二十四史之一,也是元朝官修的历史,较为完整地记载了自女真兴起到金朝灭亡的历史,说明了少数民族政权在史官制度的视域下也能得到认同,极大地说明了中华民族共同体的多元包容特性。相应地,在少数民族治理的历史阶段,史官也记录并认可以汉族为主的治理时期,如清朝也保留了修撰明史的传统,而且在祭文中称明为"道统"。以上无论是史官对少数民族政权的记录抑或少数民族为政视域下对汉民族历史的认可与继承都表明了基于中华大文明视域下的历史文化认同。客观证实了中华民族的历史是各民族交融共同汇集起来的历史,是各民族共同缔造、发展的历史。

史官记录历史除了包含各民族发展轨迹的内容外,还着重对民族英雄的事迹进行了述评与描述。如《汉书》中的《汉书·卫青传》《汉书·霍去病传》专门记录了西汉名将保卫国家领土、抵御匈奴入侵的事迹;《宋史》记录了精忠报国的民族英雄岳飞;《清史稿》记载了林则徐虎门销烟的功绩……通过史学塑造,民族英雄的精神影响着我们,形成了我们中华文明的爱国基因。

第五章　纲举目张　明察秋毫——监督制度使人不能腐

当代，我们比历史上任何时期都更接近、更有信心和能力实现中华民族伟大复兴的目标。民族复兴需要从民族的历史文化中汲取营养，其中强烈的历史文化认同感是精神主线。中华文明的统一性是多元一体的统一，突出的包容性是中华文明的突出特征，基于海纳百川包容性基础上的历史文化认同，才铸就了中华民族共同体意识。经由史官制度保存下来的史料是我们的精神堡垒，增强了中华文明的统一性与团结性。在此基础上形成的历史记忆可以增进民族、国家的文化认同，增强群体凝聚力，激发爱国情感。基于此，史官制度对铸牢中华民族共同体意识具有重要意义。所以，梁启超曾评价道："史学者，学问之最博大而最切要者也，国民之明镜也，爱国心之源泉也。"表明了史学不仅是学术研究，更是人民的精神财富，能够有效培养人民的爱国之情和民族自豪感。

3. 史官制度赓续中华文脉，完成中华文明的守正创新

以史为鉴，开创未来。党的十八大以来，习近平总书记高度重视学习历史，不仅在党内开展党史学习，还强调发挥传统优秀文化对民族复兴、强国建设的文化滋养作用。其中，通过史官制度传承下来的历史记录，是最为重要的学习素材。只有认真学习史料中的来龙去脉，才能增强对中华文明的了解，如在《春秋》的历史事件中体悟孔子以仁为本的理念；在《群书治要》的史部摘录中领略中华优秀传统文化蕴含的"信与忠""和而不同""以合为本""有教无类""天人合一"等思想；在《四库全书》中感受不同历史时期，儒、释、道、墨、名、法、阴阳等思想的运用等。深刻理解中华优秀传统文化蕴含的道德规范、思想理念、精神内核，进而在守正创新中实现优秀传统文化的创造性转化与创新性发展，为我们在建国百年实现富强、民主、文明、和谐、美丽的社会主义现代化强国提供文化根基。

同时，古代史官秉笔直书，以史立言、不惧强权的精神对新时代领导干部的政德修养也具有启示作用。一方面，启示领导干部要坚定理想信念。史官的信念是秉笔直书、传承后人。党员领导干部的信念是坚守共产主义远大理想和中国特色社会主义共同理想。只有树牢理想信念，各级党员领导干部才能克服在时代之变、历史之变中面临的各种风险挑战。另一方面，启示领导干部要坚持人民立场。史官坚守的立场是客观公正，最终的目的是将真实的历史记录传承给后人，体现了历史文化传承视域下的以人为本。党员干部始终要坚守人民至上的立场，永葆为民服务的初心，时刻关注人民的需求和利益，想群众之所需，帮群众之所困，解群众之所忧，为人民群众办好事、办实事，解决人民群众急难愁盼问题，坚决走好党的"群众路线"。同时党员干部要加强自身建设、严于律己，清正廉洁、强化责任担当，下定迎难而上的勇气，在关键时刻临危不惧，发挥党员干部先锋表率作用。

此外，中国古代的史官制度还承担着一定的政治监督功能。史学家刘知几曾概括中国史学功能的三个层次，其中最高层次为"彰善显恶，不避强御"，由此可见，史官制度一定程度上起到了约束君主、官僚权力的功能，这也对我们当今监察体系的完善具有很大的借鉴意义。

二、谏议制度

（一）谏议制度的历史轨迹

"谏议之官，知周出焉" 意为脾脏就像谏议之官，辅助君主，"谏议"就是官员面对君主不当的行为进行及时的规劝。在古代中国的官职体系中，谏议大夫是一个重要的职位，主要负责规谏讽喻，监督朝政和官吏的过失。谏议在中国古代政治中形成了一套完整的理论和制度，随

第五章 纲举目张 明察秋毫——监督制度使人不能腐

着中国古代国家制度的发展，君主权力的不断强化，使得其在进行决策时会经常出现决策失误的状况。针对这一状况，后来就逐渐形成了谏议制度。谏议制度建立了长时间的发展和完善，成为中国古代政治文化的重要组成部分，这一制度的存在，不仅是对君主的一种制约，也是对国家大事提供群策群言的机会。

谏议制度的起源与原始民主和军事民主制度有关，也就是黄帝和尧、舜、禹的时代。传说黄帝和尧、舜、禹都对部落氏族成员的监督非常重视。《管子·桓公问》称："黄帝立明台之议者，上观于贤也。尧有衢室之问者，下听于人也。舜有告善之旌，而主不蔽也。禹立建（谏）鼓于朝，而备讯唉。"而这其中的"明台"和"衢室"就是当时部落首领听取民众意见的地方所在。关于"明台"和"衢室"，《三国志·魏志·魏文帝纪》中也有记载："轩辕有明台之议，放勋有衢室之问，皆所以广询于下也。"在部落内部，当部落首领进行重大决策时，也会听取其他人的意见。

到了夏商时期，国家机器取代部落联盟，但国家机构却尚不完善。夏朝的中央机构最重要的就是六卿，六卿的作用就是向君主提出意见。商朝相对夏朝国家机构进一步完善，根据《吕氏春秋·不苟论·自知》记载，当时所说的"司过之士"其实就属于谏官的一种。西周灭商后成为中国历史上第三个奴隶制王朝，西周继承夏商的政治体系并加以完善，臣子向君主纳谏已经成了一个重要的政治活动。

秦汉时期中国的谏议制度发展非常迅速，由于国家体系的进一步完善和秦始皇大一统局面的出现，更加有利于国家机器的构建。在谏议制度中出现了专职的谏官，如秦朝的谏大夫、汉朝的给事中等，还出现了许多纳谏的新形式。秦朝作为古代中国第一个统一的中国古代王朝，是具有划时代意义的。虽然它存在的时间不长，但其实秦朝拥有着非常浓厚的纳谏氛围。秦朝在官制上设置三公九卿来执掌职权，而其中郎中令下面掌管的谏大夫、郎，正是秦代的专职谏官。秦朝的谏议分为好多种，班固根据《白虎通》的相关记载，将其分为了讽谏、顺谏、窥谏、指谏和陷谏五种类型。谏议方式有奏对、召对、集议等很多种，但集议是最重要的一种。

两汉两百多年，受到秦朝灭亡的影响，为了吸取教训，谏议制度受到了汉朝为政者的重视，谏官和谏议制度的发展达到了前所未有的程度。汉代谏官的设置专职谏官，东汉时改谏大夫为谏议大夫。除此之外，汉朝还有侍中、中常侍、给事中等也发挥着谏议的职能。汉朝的谏议方式除了与秦朝较为相似的集议外，还有奏疏、吏民上书、进讲等形式。因着重视纳谏的风气，也出现了许多有名的纳谏人物如司马迁、贾谊、晁错等。

隋唐时期的谏议制度是古代谏议制度的重要转折点，说明其制度架构等都走向成熟。隋朝创立三省六部为主的政府架构，而其中门下省则是谏议系统的核心机构所在。据史书记载："高祖践极，百度伊始，复废周官，还依汉、魏。唯以中书为内史，侍中为纳言，自余庶僚，颇有损益。"隋朝谏议制度在吸收了前朝谏议制度的基础上加以完善和发展，将南北朝时期的门下省和集书省合并成了门下省，能够更好地发挥门下省的谏议职能，为后世谏议制度的发展奠定了很好的基础。

唐朝是古代中国历史上最重要的朝代之一，现如今各个国家存在的唐人街等都足以证明唐朝对中华文化的传播和影响之深远。历史上著名的"贞观之治"和"开元盛世"都是唐朝治下所出现的盛世奇观，唐朝国力强大的出现与其对谏议制度的重视联系十分密切。唐朝沿用隋朝的三省制度，但与隋朝谏官单属门下省不同，唐朝谏官分别属于中书省和门下省两个部门。中书省下设右散骑常侍、右谏议大夫、右补阙、右拾

第五章 纲举目张 明察秋毫——监督制度使人不能腐

遗；门下省下设谏官有给事中、起居郎、左散骑常侍、左谏议大夫、左补阙、左拾遗等。

两宋时期是古代中国谏议制度的成熟时期，在之前朝代的基础之上已经形成了十分完备的谏议体系和制度。在北宋建立之初沿用了唐朝的谏官制度，随着两宋的发展在此基础上也逐渐进行了更改。元丰改制之后，取缔了之前所存在的无意义的虚职等，改革了三省六部制，合并了重叠的相关机关，结束了之前谏官相对混乱的局面。从宋朝开始，传统的谏官制度已经向台谏合一进行转变，而元朝是向台谏合一转型的重要时期。由于元朝是少数民族政权，所以为了顺利地在中原地区进行统治必须效仿汉人为政者的法律等，这也为臣子进谏提供了一个很好的机会，谏议制度也由此向台谏合一发展，御史台的作用较之前得到大大的提升。

明清作为我国古代专制社会的后期时代，其皇帝的中央集权专制统治已经达到了顶峰。随着君主权力的逐步集中，又因着谏议制度本身就是为了制约皇权、防止皇帝出现错误行为存在的制度体系，这也就使得谏官的职能被很大地削弱。明朝初期就废除了行中书省，建立三司相互制约，这样也就使得地方的权力被分散，中央的权力得到大大的加强。在明朝后期，朝政昏庸无度，谏官进谏也毫无用途，促使谏官处境十分艰难，最后落得结局大多不好。

清朝作为古代中国最后一个封建王朝，其谏议制度可以分为前期和后期两个时期，后期主要集中于鸦片战争之后。清朝作为末代王朝，中央集权达到最顶峰，而监察制度的出现，使得原本就相较前朝式微的谏议制度更加地没有存在空间。虽然谏议制度逐渐衰弱，但清朝前期的几位君主对于谏议制度的认识还是较为理性的。如乾隆皇帝就说道："夫朕之一身，岂能保无阙失？正赖廷臣直言匡正，以勤不逮。"清朝初设置六科和都察院肩负谏议职责，这两者也都是沿用明朝时期的制度。六科并入都察院后也是彻底地实现了台谏合一。雍正乾隆时期，可以说是古代中国古代社会最后的"繁荣"。雍正确立密折制度，使得百官有了一种全新的谏言方式，乾隆接手统治以后清朝统治达到顶峰。在鸦片战争以后，民族存亡之际，各路大臣纷纷建言献策，这也使得传统意义上的谏议制度向西方的议会制度开始转变。光绪三十二年（1906）七月十三日，清廷颁布预备立宪诏书，但结果就是，在实际实施过程中阻碍重重，1906年光绪帝宣布废除"六科"，也就标志着古代中国谏议制度和谏官从此退出了历史舞台。

（二）谏议制度的内在精神

1. 道统为体，君过必谏的文士精神

春秋战国时期百家争鸣，儒家文化在中国政治文化思想中占据主导地位，谏议思想也受其影响。儒家代表孔子主张"道"，他认为君主的一言一行也要在"道"中进行检验，"道"是评判一切行为的政治准则。其在《论语·八佾》中就道："君使臣以礼，臣事君以忠。"孔子主张的"士志于道"，君主不仅要顺应天道，还需要将自己理解的"道"运用到自己所统领的社会中，造福黎民百姓；儒家强调对权力的道德制约，而儒家又提出通过谏议制度和监察制度来制约君主权力，对君主的过失加以批评和纠正。这一制度是君主制"体制内"的限权机制，在两千多年的中国历史实践中有着积极意义和实际功用，并形成了"君过必谏"的谏议文化和以天下为己任的士大夫精神。如孟子的"格君心之非"和荀子的"为人上者，必将慎礼义，务忠信"，儒家传统注重建立谏议监察制度，孟子非常注重民本思想，他提出的"民为贵，社稷次之。君为轻"的思想，为后世所传承。儒家一脉相承提倡勇于纳

第五章　纲举目张　明察秋毫——监督制度使人不能腐

谏，敢于为民本所用的精神内核也深深地影响着后世的人们。

唐朝谏议制度发展成型，也促使谏议之风盛行，官员敢于纳谏、善于纳谏，涌现出一批有名的谏官，益于其形成了敢于直言的文士精神。如上文中所言，唐朝设有专门的谏议大夫，而关于谏议大夫的职能描述，《旧唐书·职官志》有提到："谏议大夫掌侍从赞相，规谏讽喻。凡谏有五：一曰讽谏，二曰顺谏，三曰规谏，四曰致谏，五曰直谏。"在这众多谏官职位中，给事中职权也较为重要，给事中有考核官员、封驳法律等职能，历史上给事中的职位下影响出许多名臣谏官，如魏徵、吕元膺、李藩等。

在唐代重视纳谏的情况下，各文官也是一腔热血，敢于直言纳谏，以"修身、齐家、治国、平天下"为终身的奋斗目标。文士精神和谏议意识结合到一起，不仅写出了许多流传千古的文言巨作，还有利于谏议意识的广泛传播。文官之所以有如此强烈的纳谏意识，除了与君主的重视有关之外，也与儒家思想有很直接的联系。就像前面所说的，儒家政治强调谏净，历来都是提倡官员向君主纳谏的，不仅可以向君主纳谏，父子朋友之间都可以相互谏言。唐朝重视文人，那么文政合一，更加有利于文官勇于表达出自己的想法向君主纳谏。

在中国古代传统社会的统治下，君主是最高权力的执行者。那么在其对国家政治等大事进行决策的时候，就会容易出现群臣恐能力不足或怕触犯君主权威而不敢参与商议政事的情况。而谏官的出现就会很大程度上缓解这种政治尴尬的场面出现。在特殊的情况下，谏官通过行使自己的职权，委婉地提出决策中的过失，从而避免君臣之间的某种直接冲突。这是一种极其具有积极性的行为。在打破僵局的同时，谏官作为文武百官的直言进谏榜样，还可以提高臣子参与政事的积极性，从而形成的良好的谏议之风。不管是对君主，还是对官员自身，还是对百姓，都有利于当时社会政治环境的发展。

2. 虚怀若谷，从善如流的为政品格

综合中国古代传统谏议思想，不难看出受儒家思想的印象非常之大。而古代谏议制度与监察制度是有着明显区别的，其中所蕴含的内在精神也有很大区别。谏议是向君主纳谏，监察则是监督臣下的行为。儒家主张"仁"，这也就要求君主也要达到这样的目标才行。不仅君主本人要达到"仁"的标准，其也要实行"仁政"。儒家思想从根本上就要求君主不能一意孤行，要听取臣子们的谏言。《荀子·子道》中记有孔子对弟子说的一段话："昔万乘之国，有争（诤）臣四人，则封疆不削；千乘之国，有争（诤）臣三人，则社稷不危；百乘之国，有争（诤）臣二人，则宗庙不毁。父有争（诤）子，不行无礼；士有争（诤）友，不为不义。"这里的"争臣"就是指勇于谏诤之士。在孔子看来，臣下勇于进谏，君主虚心纳谏，这是国家避免危亡和走向强盛的必备条件。

唐代初期的各位君主重视纳谏，而这种进谏行为在唐代初期的政治生活中影响十分重要，以唐太宗李世民为例，"贞观之治"开创了善于纳谏的风气。他虚心接受大臣们的谏言，使得言谏制度发挥到了极致。言谏制度能否发挥作用直接取决于君主是否愿意虚心接受谏议，是否是贤明之君。因为谏议制度与君主专制直接挂钩，其根本上就是为了防止君主权力过于膨胀，在此谏议制度的政治功能和历史作用更加重要。虽说谏议制度是为了约束君主的权力，但实际上谏议制度是否有效还是看君主本身是否听劝罢了。唐太宗李世民时期，出现的"贞观之治"，百姓生活幸福，国力强盛，政治环境也十分清明，出现了许多敢于纳谏、善于纳谏的谏官，李世民也是虚心接受其谏议，为"贞观之治"的出现打下了坚实的基础。如房玄龄、杜如晦、李靖、温彦博等，其中魏徵

第五章　纲举目张　明察秋毫——监督制度使人不能腐

的出现十分重要。唐太宗曾这样评价魏徵："观之后，尽心于我，献纳忠谠，安利国利民，成我今日功业，为天下所称者，惟魏徵而已。古之名臣，何以加也。"唐太宗欣然接受其谏议，并在短短几年内国家就出现一片欣欣向荣之景，而当唐朝国力逐渐强盛，李世民开始产生自满的心理时，魏徵及时劝谏使得他时刻保持清醒，唐太宗在他所撰写的《帝范》中反省道："数有行幸，以亟劳人，此非屈己也。斯数者，吾之深过。勿以兹为是而取法焉。"从这里就可以看出唐太宗自身所具备的自我批判精神。

（三）谏议制度的当代影响

1. 犯颜直谏的谏臣品格积淀了中国共产党批评与自我批评的优良作风

古时忠臣通过直言进谏来提醒君主他们的过失，因为古代中国是以圣人文化为主的，官员们强调"修身、齐家、治国、平天下"的政治目标，这也要求他们在参与国家政治生活的同时要先以要求自身为首要前提。批评与自我批评的优良作风是我们党的作风的重要组成部分。习近平总书记指出："党内批评总是要在一定的场合内进行，而'吾日三省吾身'，自我批评则与我们个人如影随形，是最及时、最管用的思想武器。"正如古时谏臣的品格一样，作为共产党员，我们在参与国家政治生活之前，首先就是要学会如何成为一名合格的共产党员，遵守党规党纪，养成良好的习惯，在约束好自身的基础上参与政治生活。

毛泽东同志曾形象比喻："房子是应该经常打扫的，不打扫就会积满了灰尘；脸是应该经常洗的，不洗也就会灰尘满面。我们同志的思想，我们党的工作，也会沾染灰尘的，也应该打扫和洗涤。"党员的批评与自我批评是没有止境的，党员要在不断地自我批评当中度过。我们要用好批评与自我批评这个武器,要多用,常用,用够,用好,不断规范自身的行为,从而推动党员自身的最终向好。

2.以人为镜的为政素养形塑了中国共产党提升治理能力的价值追求

以人为镜明得失。提起中国的"镜子论",可能最先想起来的是唐太宗的"三镜说"。但实际上,在《史记·殷本纪》中就记载了商朝的第一个君主汤对伊尹说道:"人视水见形,视民知治不。"这句话的意思是人能够把水当作镜子看得见自己,而一个国家则能够通过民众来知道这个社会治理得如何。以人为镜的典故在后世许多古籍当中都有记载,其中最为著名的就是唐太宗的"三镜说"。《贞观政要·任贤》中记载,唐太宗提出:"以铜为镜,可以正衣冠;以古为镜,可以知兴替;以人为镜,可以明得失。"唐太宗把魏徵比作自己的镜子,比如上文中提到,正是唐太宗善于接受群臣的纳谏,使得唐朝出现了"贞观之治"的社会繁荣之景。

党的二十大报告把"国家治理体系和治理能力现代化深入推进"作为未来五年我国发展的主要目标任务之一,其根本就是充分发挥社会主义制度优势,从而着力于国家的治理当中。习近平总书记在参加民主生活会时的讲话中,引用了汉末魏初文学家王粲《仿连珠》中的一段"镜子论":"观于明镜,则疵瑕不滞于躬;听于直言,则过行不累乎身。"坚持正确的政治方向,健全人民当家作主的政治体系,把握好人民群众与社会发展之间的矛盾,深入了解基层政治生态环境,做好基层调研工作,从根源上解决好人民群众的生活问题,这些一直都是中国共产党追求的价值目标。一路走来,我们党紧紧依靠人民交出了一份又一份载入史册的答卷,面向未来,要坚持人民至上,倾听人民呼声,不断造福人民,始终同人民站在一起、想在一起、干在一起,就一定能够形成勇往直前、无坚不摧的强大力量,在强国建设、民族复兴的新征程上创造新的历史伟业。

三、监察制度

（一）中国传统监察制度的历史流变

早在西周时期就出现了大宰、小宰等具有监察职能的官职。据《周礼》记载，"大宰，凡治，以典待邦国之治，以则待都鄙之治，以法待官府之治。"（《周礼·天官·大宰》）到了战国时期，御史官已经超越了职掌文献与记录历史的职能，监察意味愈加凸显，齐国大夫淳于髡与齐王的对话"执法在旁，御史在后"（《史记·卷一二六·滑稽传》）就确证了监察意识在战国时期的行政运转中已然显化。历代统治者对于维护社会稳定和政治清明的不懈追求，推动着古代监察制度的发展，对于防止官员腐败、维护社会秩序、保障国家安全等方面起到了重要作用，古代监察制度的演变和发展是中国古代政治体制中对于权力监督与制衡的重要机制。

监察制度在秦始皇统一六国、建立中央集权的基础上，被正式确立为一项基本的政治制度，秦朝在历史上虽然仅存十四年，但监察制度在其后的汉代得到了落实并发展。御史大夫始设于秦朝，地位极其尊贵，直接位列三公，不仅掌管御史府，还下设御史中丞。秦朝的御史体系除了具有文书、记录的职能，还明确了监察官员的任务。此外，中央还派监御史常驻郡县，负责监察地方郡县的各项工作。汉承秦制，在监察制度方面，汉朝在秦朝的基础上进一步发展。在沿袭上，御史大夫、御史中丞、御史台的功能、职位及机构都承袭了下来。在职务设置上仍延续御史大夫、御史中丞机制，机构仍设为御史府，直到西汉末年才将御史大夫更名为大司寇，将御史府改为御史台，东汉时又将御史台更名为宪台，但职能都是监察百官，仍是官僚体制内最高的监察机构，地位和性质未发生实质改变。

与中央监察机构比，地方监察机构在汉朝发生较大变化。西汉初年就废监御史，改为由丞相委派丞相史监察各州郡，这实则由丞相直接对地方进行监察，收紧了御史大夫对地方的监察权，意味着监察体系由统一机构自上而下部署的传统被打破了。汉武帝时，对地方的监察基本实现建章立制。不仅明确将一个中央直辖区司隶、十二个州部均列入监察区，而且设一名司隶校尉、十二名刺史，专司地方监察。西汉后期，由于刺史一职在地方已成为惯例，在行使监察权的过程中掺入了很多地方行政事务，导致事权混杂。汉成帝时改刺史为州牧，其职能演变为凌驾于郡之上的行政长官，与专司监察地方的设置初衷已相去甚远，地方的监察制度也在西汉后期基本瓦解，直到东汉光武帝"罢州牧，置刺史"，地方监察体系在汉朝才得以延续。汉朝在秦朝监察制度基础上的损益，除了表现在地方监察的更迭演变之外，还在于言官也具备一定的监察权，朝官谏大夫与加官给事中的职权都超出了秦朝设置时的谏言范畴。有学者指出"言官与察官并行，标志着汉代监察制度的发展"[①]。

魏晋南北朝经历了频繁的政权更迭，在不同政权之下监察机构名称虽然略有变化，但监察的本质与效能都在延续，隋唐在此基础上明确划分了台、殿与察的功能划分。魏晋南北朝时期，相较于汉代的监察制度，在中央层面，御史台归皇帝直管，不再隶属于其他部门。同时，为了保证监察发挥实效，不仅规定门阀氏族不能进入监察队伍，避免徇私舞弊，而且指明若群臣犯法而监察失纠，就对相关的监察官员进行罢免。在地方监察方面，取消了固定的御史设置，改为不定期派遣御史

---

① 张晋藩.中国古代法律制度[M].北京：中国广播电视出版社，1992.

第五章 纲举目张 明察秋毫——监督制度使人不能腐

进行监察,此外,此时期还开启了"不问其言所从来""不责言之必实"的"风闻奏事"的监察形式。到了隋唐时期,隋设置了十二名监察御史,专职地方巡查,发展了魏晋南北朝对地方的不定期巡查制度。唐在此基础上又分设了台院"掌纠举百僚,推鞫狱讼"(《唐六典》卷十三),殿院"掌殿廷供奉之仪式"(《唐六典》卷十三),察院"掌分察百僚,巡按州郡,纠视刑狱,肃整朝仪"(《唐六典》卷十三)。同时,唐朝还进一步扩大了监察系统的职权,授权其监督大理寺和刑部的案件审判,具备一定的司法权。此外,唐代谏官制度趋于完备,三省中的门下省的职责就是谏诤君王治国理政,其下的给事中还具有封驳政令的权力,与殿院、察院一道共同发挥了监督作用。

宋朝沿袭唐制,御史台仍设台、殿、察三院,门下省也与唐一致,专设谏院发挥着谏诤监督的功效。后来为加强中央集权,实行机构合并,谏院并入御史台,实现了"台谏合一"。此外,魏晋南北朝时期开启的"风闻奏事""闻风弹人"的监察形式在宋朝得到充分发展,甚至形成了按月奏事、弹人的"月课"机制。明代废除宰相,君主专制加强,将御史台改为都察院,包括左右都御史、左右副都御史,设置了地方监察御史,全国有十三道,他们分别负责这十三道的监察工作,且只需听命于皇帝,还设置了六科给事中,六部直属于皇帝,加强皇帝对六部的控制。清朝监察制度是古代监察制度最完善的时期,高度系统化,清朝监察制度,继承明朝监察制度上进行了创新,雍正以后,将六科并于都察院,考察六部的六科给事中和监察御史都并入都察院,监察院权力集中,六科给事中的封驳权被取消,监察御史还有密折言事的权力,清代在地方还设有督抚、按察使、道员等专职或兼职的监察官员,由此形成完整的地方监察体系。

（二）中国传统监察制度的内在特质

中国传统的监察制度从萌芽、发展到成熟经历了两千多年的历史，演变轨迹表现为发轫于西周，建立于秦汉，于唐宋时期越发成熟，明清之际基本完备。监察以显性的制度形式对权力的制约有效平衡了中国传统政治授权与限权之间的相互张力，是中国传统政治长效运行的重要一环。在历史耙梳的视域下，中国传统监察制度呈现出了位卑权重、垂直巡查、依法监察等特质。

1. 位卑权重，展现了以小驭大的监察智慧

从古至今，行政系统均采用以上制下、下级服从上级的运行机制。孕生于分封制的中国传统政治体系，形式更为层级分明、等级森严。但特殊的是，中国传统的监察制度却反其道而行之，采用了以卑察尊、以小驭大、以轻制重的特殊机制。"位卑权重"最早出自法家理念，纵观中国传统监察制度的发展历史，监察官的品级基本低于他们对应的监察对象。虽然监察官的地位不是很高，但其所掌握的权力不小，其弹劾范围广泛。秦朝的监察官员御史大夫既要负责监察百官，还要参与一些政治决策，需要对国家政事发表意见，西汉时期，刺史作为中央派遣至地方的监察官，其地位和权力远在郡守之上。又如，唐代建立的台三院制度，把检察权一分为三，更进一步扩大了其职责范围，不仅要负责案件审理及审判、负责纠察百官，还需对官员的不良生活作风进行批评指正，唐玄宗也提到"御史执宪，纲纪是司"，体现了为政者对御史大夫这一监督者的重视。清代《钦定台规》中有规定"对上至诸王，下至诸臣，孰为忠勤，孰为不忠勤，及内外官员之勤惰、各衙政事之修废，皆令尽言"，体现了监察官监察范围广泛。

中国古代监察制度中的"以小驭大"特点体现了监察官员在权力

结构中的重要地位和作用。"位尊官高"的官吏他们往往会有很多后顾之忧，很难守正不阿，而恰恰相反，"位卑权重"的官员往往并无后顾之忧，他们求进取，有理想，向往高升，往往具备疾恶如仇的性格，并且，地位不高便于为政者的掌控，给予他们很大的权利则更能激发官吏的责任感，以及客观公允的处事态度，从而实现了对权力的有效约束和监督。虽然监察官的地位不高，但历代监察官都可因弹劾功绩而获得丰厚的奖赏，可以晋升职位，御史大夫还可以升迁为宰相，仕途广阔，这也激励了监察官员更加恪尽职守，发挥监察制度的最大效能。

综上，中国古代监察制度拥有位卑权重的内在特质，展现了以小驭大的智慧，中国古代，监察官员虽然品秩较低，但权力较大，直接对皇帝负责来实现对权力的有效约束和监督，虽自身品级不够，但能够不受地方官员的干扰和制约，直接对高级官员进行弹劾，这一原则对于维护国家政治的稳定和发展具有重要意义，也为后世提供了宝贵的经验和借鉴。

2. 垂直巡查，加强了中央对地方的管理监测

我国古代的监督制度形成了中央与地方统一的监督体系，垂直巡查的管理体系保证上下一体，提升了监察效率，加强中央对地方的控制。在古代专制主义社会下，监察制度本身就是围绕为政者制定的，皇权对于监察制度的实行具有很大制约。为政者掌握管理国家事务的大权，同时也掌握着监察权，监察制度依附于皇权，而其他的机构不得干涉监察官的一切活动，例如《台规》中写道"条陈在臣下，而允行出朕旨"表明监察官在监察时，要请示为政者。垂直巡查体系筛选出专门的监察官去监督各级官员，确保他们忠于皇权，确保了皇权对地方的有效控制，有助于保证监察工作的独立性。

中国古代监察机关权力重大，监察官员容易受到利益诱惑，监督

官员与地方势力勾结也由此会滋生腐败，甚至出现反叛，会严重影响中央集权统治。由此一来，为政者便在中央上，设置了监察机关；地方上，则是派遣了巡查官员。汉初，出现了严重的监狱史和郡守勾结的现象，汉武帝开创了后代中央政府的监察官员巡按地方的先例，他废除了监御史，把全国分为十三个州部，每个州部都是一个监察区，分别设置了十三个刺史，负责巡查自己所在的区域。作为中央派遣到地方的监察官，刺史代表中央行使监察权，直接听命于皇权，其权力不会受到郡国的影响，权利和地位也在郡守之上，巡按御史在履行职能时不受地方官员的干扰。刺史制度的设置维护了中央集权，加强了中央对地方的控制和监督，据《资治通鉴》记载，汉武帝时期，中央派遣的巡查官员"举兼并之徒及守、相、为吏有罪者"，检举揭发各级官员和地方豪强的违法犯罪者。

后世，这种中央垂直巡查的方式也得到了继承，唐初，建立了"分道巡按"制度，将全国划分成10个监察区，由中央派遣官员在监察区经常性巡回监察。宋代实行监司巡检制，在地方设立了监司，监司要在一定的年限内巡遍所管辖的地区。元代，设置了按察使、廉访使。明清时期，专制主义中央集权达到顶峰，中央对地方的控制加强，这时地方正式确立了御史巡按制度，体现了"代天子巡狩"，即监察官员代表中央巡查监督地方，监督官员。

综上，中国古代监察制度体现了垂直巡查的内在特质，加强了中央对地方的管理。中国古代垂直巡查随监查制度的完善，成为加强皇权和对地方控制的一个重要手段。在秦汉时期，御史大夫等监察官员开始通过巡行地方的方式，对地方官员的行政行为进行监督和监察。此后，历代王朝都沿袭并发展了这一制度，形成了各具特色的垂直巡查体系，其中明代的刺史制度是典型的代表。中国古代垂直巡查制度能防止地方官员权力的过分集中，由皇帝代表的中央力量巡查地方，提高了监察工作的地位，同时选贤任能，增强地方官员的流动性，兴廉政之风，防止地方官员贪污腐败，是加强中央集权统治，巩固古代统治的重要手段。

3. 依法监察，彰显了法定监察的界限原则

我国古代的监察法和监察制度是密不可分的，自古便有用法律来规范权力的运行此类现象。当监察官员被赋予了巨大权力时，就可能会滋生腐败，为防止这一现象的产生，便有了监察法，监察法的主要内容包括监察权的形式、监察官的行为准则等等，无论官职大小，都需在监察范围内行使权力，经过各朝代的更迭，其逐步完备化与系统化，有了监察法作为监察权行使的依据及约束，监察官依法行使权力，监察效能可以更好地发挥。中国古代为政者也十分重视监察法的制定，通过制定严格的监察制度和法规，对官员的行为进行有效监督，减少了贪污腐败现象的发生，这有助于打造清明的政治环境，汉朝"文景之治"，唐朝的"贞观之治"元朝的"开元盛世"，清朝的"康乾盛世"，这都很大程度上依赖于监察法的制定和实行。

秦朝继承了法家的思想，随着监察制度确立，监察法律也出现了，虽未制定专门的监察法，但秦律中已经包含了此类部分的内容，例如其确立了官员问责制度，明确御史府等监察机构有权弹劾违法官员。汉代有了"治官须察管，察官须法律"的理念，继《监御史九条》之后，汉武帝又制定了《六条问事》，奠定了地方监察法的基础，具有深远的影响，专门性监察立法的出现也推动了监察制度的完善。

唐代形成了比较完整的法律体系，《监察六条》以汉代的《六条问事》为本，《监察六条》规范详细，考察地方官吏治理能力的基本要素扩大，从原来的品德、政绩等增扩到了赋役、农桑等方面，这也使得监察御史要依规行事，对其产生了一种约束，该法起到了规范地方官吏的行为，从而提升治理效能，稳定社会秩序的作用。《唐律疏议·职制律》中规定，"以故有所废阙者，徒三年"体现了对监察官的严格要求。宋代的监察法多以敕令的形式体现，同时为了防止监察官员之间的徇私舞弊，还产生了《监司互监法》，用以督促监察清正廉洁、恪尽职守。元朝的《宪台格例》通过分则条款，大大扩展了御史台的监察职权范，其中用了"纠察""体察""体究"等术语来细化了监察权。《禁治察条例》规定了对监督官员的处罚略重于对普通官员的处罚，这都体现了为政者依靠法律监督并制约着监督官员，明确其职责，也对监督官员严格要求。

明朝吸取了元朝灭亡的教训，十分重视监察法的制定，形成了严密系统的监察法规，《奏请点差》《六科监察法》让监察法的操作性更强，《宪纲条例》详细地规定了监察官要遵守的纪律，例如，"监察官所到之处，未行事之先不得接见闲杂人""并且除办理公务外，不得盛张筵宴，邀请亲朋好友"等。清朝的《钦定台规》吸取了各朝代建都法的有益部分，内容涵盖了监察机构的设置、职责、官员选拔、考核、奖惩等各个方面，其地位超越了以往的监察法规，对后世的监察制度的完善起了重要的推动作用。

综上，中国古代的监察制度蕴含了依法监察的内在特质，彰显了法定监察的界限原则，纵观中国监察法的发展的历程，秦朝起源，汉朝发展，唐宋元明清完善，古代监查制度依法而定，明确了监查对象和监察范围，确保监察活动有法可依，监察权力在法律的轨道下运行不仅能够保证监察制度的稳定性，也对官吏起到了震慑作用，防止滋生腐败，营造良好的政治环境。

（三）监察制度当代影响

1. 以传统监察制度为鉴，推动新时代监察制度发展

在中国古代传统监察制度中，整个监察制度体系都是在不断变化和发展的。根据不同朝代的不同社会情况，统治阶级会在继承前朝制度的基础上加以完善，从而运用到自身监察体系的建设当中。正如上文中提到的，我国的监察制度发源于西周，于唐宋时期逐渐成熟。在中国特色社会主义进入新时代的当下，党和人民一起见证了中国这几十年的发展史和奋斗史。正是因为现阶段我们正处于全面建成社会主义现代化强国的关键时期，更要加快建设和完善现代化的监察制度和监察体系，为建设社会主义现代化强国奠定基础。

在古代监察制度两千多年的发展历程中，为我们积淀了丰富的历史文化资源。从理论上，为我们新时代下监察制度的改革和发展提供规划；从实践上，为我们新时代下监察制度的改革和发展提供指导。关于监察制度的创新，应该更多地汲取中华文明作为文化源泉，学习古代监察思想，不断完善监察制度的相关法律法规。2018年3月20日，由中华人民共和国第十三届全国人民代表大会第一次会议通过的《中华人民共和国监察法》，就是我国监察制度改革迈出的重要一步。这代表着我国的监察制度正式迈入法治时代。党的二十大召开以后，党中央提出了深化监察体制改革的重要政治布局。在二十届中央纪委二次全会上，习近平总书记进一步明确了改革的目标任务，强调要持续深化纪检监察体制改革，做实专责监督，搭建监督平台，织密监督网络，协助党委推动监督体系高效运转。

2. 以传统监察智慧为基，促进新时代全面从严治党落实

我国古代监察制度在千年的发展中形成了强调以小驭大、垂直巡查的监察智慧，而这些特点对传统中国社会的政治监察非常有利。阿克顿勋爵曾经将监察制度存在的意义说明得非常清晰："权力导致腐败，绝对权力导致绝对腐败。"可见，不论是专权的古代社会，还是政治体系严明的现代社会，都需要监察制度的存在，才不会导致统治阶级权力的过剩。习近平总书记在十九届中央纪委六次全会上的讲话（2022年1月18日）中提到："古人说：'国家之败，由官邪也。'腐败是最容易颠覆政权的问题，反腐败是最彻底的自我革命。"反腐对于现在进入新时代的中国是刻不容缓的问题，新时代的反腐历经十年取得了非常卓越的成就，但目前形势仍然非常严峻，要想打赢这场持久的反腐攻坚战，必须拿出十二分的精神。

　　运用中华优秀传统文化中的政治理念与习近平新时代中国特色社会主义的相关反腐思想结合起来，将中华文明的魅力瑰宝运用于新时代下的反腐行动当中，让中国特色社会主义的政治更加清明，让人民的切身利益能够得到更好的保护。2024年1月8日，习近平总书记在第二十届中央纪律检查委员会第三次全体会议上强调，深入推进党的自我革命，坚决打赢反腐败斗争攻坚战持久战。做好从严治党，以传统监察智慧为基础，把握好从严治党的节奏和步伐，才能够更好地发挥监察制度和体系对于受监督人的约束作用。《诗经》所言："靡不有初，鲜克有终。"我们党要持续发力，求生推进反腐斗争，正是中国共产党人不断地自我革命，才使得我们跳出了治乱兴衰的历史周期率。中国共产党是一个善于自我革命的政党，从严治党是我们党从根源上就必须做的政治措施，也是我们党能够长期作为执政党的优势所在。只有中国共产党才能带领全国各族人民实现中华民族的伟大复兴，实现全面建成社会主义现代化强国的奋斗目标。只要我们能够打赢反腐败斗争这场持久的攻坚战，新时代下的中国共产党就能散发出更加耀眼的红色光芒。

3. 立足传统监察的德行取向，加强新时代领导干部政德修养

古代传统体制下的监察官员品阶都不太高，但正是这种特殊的品阶待遇，使得涌现出了一批不畏强权、维护百姓的好官。颜真卿是我国唐代著名的书法大家，但除此之外，他其实也是唐代有名的臣子。颜真卿担任监察御史期间被人称之为"御史雨"。《旧唐书·颜真卿传》记载："五原有冤狱，久不决，真卿至，立辨之，天方旱，狱决乃雨。郡人呼之为'御史雨'。"明代杨继盛大弹劾严嵩，被下狱，曾赋绝命诗，诗曰："饮酒读书四十年，乌纱头上有青天，男儿欲上凌烟阁，第一功名不爱钱。"在监察制度发展的两千多年中，这样的硬气之臣有许许多多，数不胜数，这也与监察官员的选官制度有很大关系。首先就是要品行端正，刚正不阿，因为监察官员涉及弹劾高官贵族，只有官员敢于弹劾，才能使得监察制度起作用。其次就是官员本身要求学识渊博，需要是科举出身，在唐朝，出任监察御史需要有一定的为官经验，并不是官场新人可以空降担任的。可见，关于古代监察官员的选拔是十分严格的。

"为政之要，莫先于用人。"古代监察制度任人唯贤尚且如此，新时代下更应该加强领导干部的政治修养建设。新中国成立以后，历代党和国家领导人也不断地完善社会主义监察制度的构建。目前，我们进入到中国特色社会主义新时代，习近平总书记高度重视党和政府监察制度的完善和发展，那么在完善新时代监察制度的同时也就需要构建一支适应并符合社会主义现代化发展的领导干部队伍。中国共产党自建党以来就拥有批评与自我批评的良好作风，领导干部是国家政治生活的代表和模范，更应该把握好党的优良作风。监察干部队伍作为国家监督体系的领头羊，在二十届中央纪委二次全会上，习近平总书记对纪检监察机关提出明确要求、寄予殷切期望："纪检监察机关是推进全

面从严治党的重要力量，使命光荣、责任重大，必须忠诚于党、勇挑重担，敢打硬仗、善于斗争，在攻坚战持久战中始终冲锋在最前面。"锤炼建设监察干部队伍，首先就是要对党绝对忠诚。忠诚是监察干部必须拥有的政治品格，也是党和国家在进行监察工作过程中最基础的要求。监察干部要带头增强"四个意识"、坚定"四个自信"、做到"两个维护"，要时刻将实实在在为人民做实事，为人民谋幸福为目标，保持忠诚、干净、有担当的精神品质，忠于党，忠于人民。

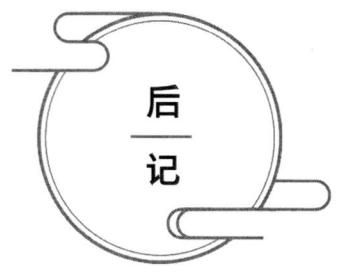

后记

在党的二十届三中全会的《决定》中，以习近平同志为核心的党中央立足中国共产党在新时代的伟大历史使命，明确提出党的领导是进一步全面深化改革、推进中国式现代化的根本保证。为此，必须深入推进党风廉政建设和反腐败斗争。完善一体推进不敢腐、不能腐、不想腐工作机制，着力铲除腐败滋生的土壤和条件。本书旨在深入探讨中华优秀传统文化中的廉洁文化，帮助广大读者从中华五千年文明发展史的角度，深刻认识中国历史上如何通过教育、激励、法制和监督机制等使得官员不想腐、不必腐、不敢腐、不能腐，为新时代党风廉政建设提供借鉴和启示，从而坚定历史自信和文化自信，凝聚起共同建设中国式现代化的磅礴力量。

中央党校（国家行政学院）哲学部教授、国家社科基金重大课题"中国式现代化的文化底蕴及思想理念研究"首席专家刘余莉主持本书撰写工作，各章撰写人如下：第一章，刘余莉；第二章，申静思；第三章，刘余莉、聂菲璘；第四章，谷文国；第五章，徐佳佳。刘余莉教授对全书进行了统稿。书中每章内容都是诸位学者深入研究的成果，反映了学者们对中华传统廉洁文化的认识和思考。

本书在写作过程中参考了众多文献资料和部分学者的观点，但由于学识所限,加之时间较紧,书中可能存在错漏,敬请读者朋友不吝指正。

在本书出版过程中,得到新华出版社的大力支持,责任编辑杨品一、张汇元为此书的出版亦付出了辛苦努力,在此一并表示衷心感谢。

作者
2025年2月